Die Kunst des Denk

MIEKE MOSMULLER

# DIE KUNST DES DENKENS

OCCIDENT VERLAG

Aus dem Niederländischen
von Holger Niederhausen

ISBN 978-3-946699-00-2

Internet: www.occidentverlag.de
E-mail: info@occidentverlag.de
Grafische Gestaltung: Carina van den Bergh
Umschlagabbildung: Diederik van Leeuwen

*Inhalt*

# *Einleitung*

## *Die Büchse der Pandora*

Es gibt eine griechische Sage, die von zwei göttlichen Brüdern erzählt, Prometheus und Epimetheus. Sie sind die Söhne des Geschlechts der Titanen. In der griechischen Mythologie haben die Götter immer eine vollkommene Qualität, die sie ganz sind.

So ist Epimetheus die vollkommene Qualität des Gedankenhabens aufgrund der Wahrnehmung mit den Sinnen. Er sieht, hört, riecht und kostet und hat seine Gedanken darüber. Seine Gedanken folgen immer der Wirklichkeit, sie werden gedacht, nachdem etwas geschehen ist.

Epimetheus kann als ein Gott betrachtet werden, der in einer völlig entwickelten, perfekten, luxuriösen Umgebung wohnt, der seine Gedanken über alle Schönheit träumt und der von einem unglücklichen Schicksal ereilt wird...

Prometheus dagegen hat seine Gedanken nie, nachdem etwas geschehen ist, er hat sie vorab. Er lebt keineswegs in einer luxuriösen Umgebung, denn alles muss noch geschaffen werden. Er ist immer aktiv, immer am Werk, nimmt sich kaum Ruhe.

Weil er immer alles vordenkt, noch bevor es geschieht, hat er die Gabe der Prophetie, das Voraussagenkönnen, was geschehen wird. Durch diese Fähigkeit sieht er voraus, dass die großen Titanen zur Seite treten müssen, um ihre Herrschaft über die Welt, die Chronos hat, an den jungen Zeus zu übergeben. Doch die Titanen wollen nicht hören, und sie warten, bis sie überwunden werden...

Inzwischen hilft Prometheus Zeus mit Hilfe seiner Prophetie und wird so ein verlässlicher Freund von Zeus.

Aber dann sieht Prometheus, dass die menschliche Gattung in Verfall gerät, dass Zeus sein Interesse am Menschen verliert. Prometheus, der den Menschen liebt, stiehlt darum das Feuer aus dem Himmel und schenkt es den Menschen, sodass sie sich selbst weiterentwickeln können. Auch lehrt er sie allerlei fachmännische Fähigkeiten.

Zeus ist selbstverständlich rasend vor Zorn, und er straft Prometheus, indem er ihn an den Kaukasus kettet, wo er für immer leiden muss. Ein Adler frisst von seiner Leber während des Tages, in der Nacht heilt die Leber - und so geht es weiter bis in die Ewigkeit.

Aber es wird von Zeus noch eine andere Strafe gegeben, und zwar dem Menschen auf Erden.

Zeus schafft im Zusammenwirken mit den Götten eine vollkommene Jungfrau. Hephaistos gibt ihr die physische Form, Pallas Athene gibt ihr das Leben, Hermes gibt ihr die Kräfte der Sprache, den Atem, die Stimme und das Wort, Aphrodite gibt ihr die Kraft der Liebe, aber auch die Kraft der Verführung.

Die anderen Götter sammelten all ihre guten und schlechten Gewohnheiten in einer Büchse, und diese Büchse gaben sie der schönen Jungfrau. Weil sie alle Gaben von Himmel und Hölle hatte, wurde sie Pandora genannt, was bedeutet: die Allbegabte.

Prometheus hatte seinen Bruder vor dieser Pandora gewarnt, denn er hatte in seinen prophetischen Visionen vorgedacht. Er wusste genau, was geschehen würde, wenn Pandora kommen würde und sich sein Bruder in sie verlieben würde. Er würde sie ansehen, und er würde nicht vorgedacht haben. Er würde genau tun, was Zeus gewollt hatte. Er würde von Pandora verführt werden, und er würde ganz naiv die Büchse der Pandora öffnen - und das war es, was Epimetheus tat.

Aus der Büchse kamen als eine Art Opferrauch alle Sorgen, Kummer, Probleme, die ein menschliches Leben nur verderben können. Sie wirbelten als ungreifbare Gedanken empor, sich immer verändernd, nie ruhig. Sie quälen die menschliche Seele für immer...

Zwischen den Problemgedanken wirbelte nur ein Trost auf, und dieser verschwand nicht. Dieser Trost blieb bei dem Menschen. Es ist die Hoffnung, dass die Dinge einmal besser werden.

So wirbelten im menschlichen Denken diese zwei Kräfte, erstickend auf der einen Seite, tröstend auf der anderen Seite: Sorgen, Kummer, Probleme - und Hoffnung.

Es scheint, dass es nur eine Kraft gibt, die helfen könnte, und das ist die Kraft des Vordenkens, die Kraft von Prometheus. Diese Kraft würde so stark sein, dass die Sorge- und Kummer-Gedanken verschwinden würden. Aber Prometheus hängt am Kaukasus und leidet an seiner immer wieder neu verwundeten Leber, die von einem Adler angefressen wird...

## *Gedanken*

In alten Zeiten wurde die Weisheit nicht in gewöhnlichen Gedanken erzählt, sondern wurde sie in Bilder gekleidet. Diese Bilder dürfen nicht mit unserem Intellekt begriffen werden, wie gewöhnliche Gedanken. Sie schenken Weisheit, aber sie schenken sie bildreich, imaginativ.

Jeder, der in unserer Welt voller Stress lebt, wird die ‚Gaben' aus der Büchse der Pandora wiedererkennen: Sorgen und Probleme - und Hoffnung, alles ist Thema für unsere Gedanken. Das Denken geht immer weiter, solange wir leben. Es geht sogar weiter, wenn wir schlafen, das zeigt sich an der Tatsache, dass wir beim Einschlafen und beim Wachwerden Träume haben, an die wir uns, wenn wir wach sind, erinnern können oder von denen wir vage Eindrücke behalten können, als an einen Bilderreichtum von Gedanken.

In dem Moment, wo wir unser Denken, das nie ruhig und friedlich wird, vor Augen haben, beginnen wir, uns nach dieser Ruhe zu sehnen, die nicht zu finden ist. Denken kann sehr schön und hoffnungsvoll sein, voller Liebesgedanken, wenn wir nur tagträumen ... aber es kann auch quälend sein und allerlei Arten von Stress verursachen. Gedanken sind zum größten Teil bewusst gewordene Gefühle. Die Gefühle sind zuerst da, dann kommen die Gedanken, und durch die Gedanken werden wir uns der Gefühle bewusst.

Vor den Gedanken zu flüchten, ist ein hoffnungsloses Unternehmen. Wir können nach Australien oder Tibet oder Brasilien fliegen und so vor den alltäglichen Umständen flüchten. Die alltäglichen Gedanken verändern sich dann mit - aber die tieferen Gefühle, die der größte Inhalt des Denkens sind, gehen mit, wohin wir auch gehen. Früher gelang es einfacher, ein neues Leben zu beginnen, selbst in drei Wochen Urlaub, weil alle Bande mit zuhause für eine Pause zerbrochen wurden und die Gefühle vergingen... In der modernen Zeit haben wir WhatsApp, SMS, E-Mail bei uns - und wir hören wie zuhause nie mit dem Denken auf.

Die ‚Social Media' versorgen uns über die ganze Welt hinweg mit unseren Gedanken, und es kann beängstigend oder befremdend sein, wenn wir einmal kein Internet oder sogar überhaupt kein Netz haben. Wir tragen Pandoras Büchse überall mit uns, in unserem Kopf, aber auch in jenem Ding in unserer Tasche, dem Smartphone oder dem iPhone. Es ist eine Quelle von Glück und Sorgen, Problemen von allerlei Art. Gedanken, Bilder, Gespräche, Likes, Dislikes, Teilen, Folgen ... das alles taucht auf, jede Minute, wie es unsere Gedanken tun. Unsere Gedanken lenken zwar die Büchse, aber sie werden vielleicht noch stärker von der Büchse bestimmt.

Wir gehen zu einem Wellness-Zentrum zur Massage, Diät, Fitness, Sauna, Schwimmen ... und die Gedanken gehen weiter, sogar noch stärker, je mehr ich entspanne. Vielleicht hören sie auf, wenn ich einen Marathon laufe, weil ich dann so müde bin, dass meine Gedanken nur noch mit meinem physischen Zustand und der Frage zu tun haben, wie lange ich noch zu laufen habe, um das Ziel zu erreichen - aber das kann man nicht wirklich Entspannung nennen.

Also versuche zu entspannen und werde dir bewußt, dass die

Gedanken nie entspannt sind. Sie gehen weiter und weiter und weiter ... bis zum Tod, oder vielleicht gehen sie dann auch noch weiter - was für eine schreckliche Idee.

Im Buddhismus, im Zen-Buddhismus, im Hinduismus, im Yoga und in der westlichen Mindfulness sind diese Probleme mit dem Denken wohlbekannt. Krishnamurti war ein unabhängiger östlicher Weiser, ein Lehrer, der uns zu unterweisen versuchte. Er lehrte, das Denken als die Quelle aller Diskussion und allen Streits zu erkennen, innerlich und äußerlich. Er bezeichnete das Denken als völlig aus Gedanken aufgebaut, aus Inhalt, der aus dem Land der Geburt, aus der Erziehung, den Eltern, der Familie, den Freunden, der politischen Partei stammt - als eine Last, die es unmöglich macht, unser Leben zu leben. Es war seine Kunst, auf die Wahrnehmung zu verweisen und auf die Erkenntnis, dass, wenn Wahrnehmender und Wahrgenommenes ein und dasselbe sind, es keine Diskussion, keinen Streit gibt. Seine Vorträge sind noch immer großartig zu lesen, sie geben einen Eindruck von der Möglichkeit, Ruhe und Frieden in unserem Inneren zu finden, indem man ‚den Hut des Denkens' absetzt.

Gedanken nehmen die Aufmerksamkeit für das Leben, sie machen uns zu Wesen, die ganz in Gedanken versunken sind - oder in diese kleine ‚Büchse' in unserer Hand, die wie ein nach außen materialisiertes Stückchen eines verlängerten ‚Selbst' aussieht; es trägt Gedanken, es produziert Gedanken. Wir sehen Menschen mit ihren Gedanken in ihren Händen, Gedanken, die noch schwerer zu stoppen scheinen - obwohl man sagen könnte, dass man das Ding einfach ausmachen und beiseitelegen könnte...

Also was hat man nun von diesem Buch? Wieder ein Buch über das Finden von Glück... Gehen wir lieber zum östlichen Meister oder zu einem Kurs Mindfulness oder Yoga.

Es ist deutlich genug, dass Gedanken Quelle von Stress und Egoismus sind. Auch, dass es gut wäre, einen Weg zu finden, die Gedanken zu regulieren. Aber die Frage ist: Wie machen wir das? Wie gehen wir vor, und was machen wir genau, wenn wir in dieser oder jener Weise vorgehen?

## *Zwei Richtungen*

Wenn es im Leben etwas gibt, was uns quält, dann gibt es immer verschiedene Wege, damit umzugehen. Zum Beispiel bei einer Allergie. Man ist zum Beispiel allergisch für Kuhmilch. Der Rat wird wohl immer sein, Kuhmilch total zu meiden. Aber die Frage ist, ob dies nicht eine schwächende Therapie ist. Eine andere Therapie wäre Desensibilisierung. Der Gedanke dahinter ist, dass durch das Geben sehr kleiner Mengen von Milch - oder sogar durch das subkutane Spritzen winziger Mengen - und durch die allmähliche Erhöhung der Dosen der Patient beginnen wird, zu kämpfen statt auszuweichen. Er wird einen Weg entwickeln, sich an die Milch zu gewöhnen.

In der Ernährung nehmen wir immer Substanzen auf, die natürlich sind, die aber nicht menschlich sind. Der lebende Leib hat die Möglichkeiten, die Substanzen so umzuformen, dass sie menschlich werden, dass der menschliche Leib sie verwenden kann. Würden sie bloß natürlich bleiben, dann würden sie als eine Art Gift wirken, und wir würden krank davon werden. In Wirklichkeit ist Allergie eine Form des Unvermögens, die Substanz umzuformen, und das Immunsystem behandelt sie als einen Fremdkörper, der entfernt werden muss.

Es gibt also immer zwei Richtungen: das Vermeiden einer spezifischen natürlichen Substanz, also akzeptieren, dass man nicht imstande ist, sie umzuformen, und im Grunde akzeptieren, dass man schwach ist; oder versuchen, zu lernen, wie man die natürliche Substanz in eine menschliche umformen kann. Natürlich kann man das nicht durch Unterricht lernen, es gibt keine Lektionen darüber, wie man eine Substanz umformen muss. Wohl aber können wir versuchen, uns an die Substanz zu gewöhnen, indem wir mit winzigen Mengen anfangen.

In der Psychotherapie ist dies ebenfalls ein bekannter Ansatz, zum Beispiel bei Angst und Furcht. Die eine Richtung ist: alle Situationen vermeiden, die die Angst erwecken können - mit anderen Worten, alle auslösenden Faktoren meiden. Die andere Richtung ist, sich kleinen Maßen der angsteinflößenden Situation aussetzen und dann Stück für Stück die Intensität vergrößern. Am extremsten ist die Therapie, bei der der Patient einer sehr starken Angst ausgesetzt wird, wodurch er in die Tiefe springen muss und die Angst dann überwindet, indem er sie in schlimmster Form durchmacht. Es ist deutlich, dass die Verstärkung der inneren Kraft bei der letzten Therapie am größten ist, aber es ist ebenso deutlich, dass dies der schwierige Weg ist.

Nun kehren wir zum Denken zurück. Die Rose folgt gleichsam einem Muster, tut das auf eine vollkommene Weise. Sie kann nie etwas anderes werden als eine Rose. Nur äußere Umstände können ihr etwas in den Weg legen, ihr eigener Weg wird immer sein: zu einer perfekten Rose zu werden. Der Löwe hat wiederum etwas anderes, dem er in vollkomener Weise folgt. Nicht nur seine äußere Gestalt ist ‚löwenhaft', sein Verhalten ist es auch. Wir würden nicht daran denken, ihm die Schuld für sein wildes Verschlingen lebender Tiere und bisweilen sogar Menschen zu geben. Sein Verhalten ist vollkommen löwenhaft. Wenn wir meinen würden, dass er auch Gedanken habe, dann wären das Gedanken von Empfindungen, die instinktiv sind. Er hat keine Wahl, etwas anderes zu sein als ein gefräßiges, verschlingendes Wesen, kräftig und voller Mut.

Ein Mensch jedoch ist eine komplizierte Kreatur. Auch er hat seine Gestalt, die menschlich ist und die mehr oder weniger vollkommen ist. Aber der Unterschied zur übrigen Natur beginnt schon, wenn wir Gesichter anschauen. Diese sind so verschieden, und es sprechen so viele Welten aus diesen Gesichtern... Und das menschliche Verhalten? Vielleicht betrachten wir als typisch menschliches Verhalten ein moralisches Verhalten? Aber Menschen sind im allgemeinen nicht nur moralisch, sie handeln aus einem Instinkt wie ein Tier, aber sie können ihren Instinkt durch ihren intellektuellen Genius verfeinern, der überhaupt nicht moralisch zu sein braucht. Das ist also ein Aspekt des menschlichen Denkens, nämlich dass der Mensch den Intellekt für egoistische Ziele gebraucht - auch in mehr allgemeiner Weise, indem er zum Beispiel Waffen erfindet.

Die Rose will nichts anderes als eine Rose sein. Der Mensch will etwas sein, das vielleicht gar nicht möglich ist, oder strebt nach etwas und will nicht dafür kämpfen, will sich nicht entwickeln. Der Mensch hat seine persönlichen Gefühle und Gedanken, die einem Garten ähneln, der von Unkraut überwuchert ist. Es scheint keinen Gärtner zu geben, der von Zeit zu Zeit kommt, um das Unkraut zu jäten. Man lasse es einfach wachsen und handle, wie einem gesagt wird, durch all diese verunkrauteten Gefühle und Gedanken!

Nicht nur Unkraut vernichtet den Garten, sondern es scheint auch ein Tiergarten zu sein, besser gesagt ein Dschungel. Da leben niedliche Tiere, aber auch die Löwen, Panther und Krokodile und noch Schlimmeres. Wir wissen nicht einmal, dass sie da sind. Wollen wir einander nicht oft vor Wut und

Eifersucht verschlingen, aus einem Genuss am Kämpfen? Steckt das nicht doch tief in jedem Menschen? Wie könnte es sonst solche Kriege geben, und wie könnten sonst solche Guerillakämpfe auf dem Boden politischer und religiöser Ideen ausgefochten werden?

Das scheint das menschliche Wesen zu sein, verdorben von der Büchse Pandoras, vollkommen in Unordnung geraten, Schuldgefühle über Dinge, in denen gar keine Schuld liegt, stolz über Dinge, auf die man wirklich nicht stolz sein dürfte, intensives Leiden an dem Chaos von Gefühlen und Gedanken, mit allergischen Reaktionen darauf, weil die Substanzen des Fühlens und des Denkens unmenschlich sind.

Müssen wir wirklich lernen, wie man den Hut des Denkens absetzen kann? Oder gibt es eine Art Exposure-Therapie, einen Weg, die eigenen Gefühle und Gedanken kennen zu lernen und ein *‚master of arts' des menschlichen Gefühls und Denkens zu werden* - und schließlich ebenso des Handelns? Ein Erreichen dieses Zustandes wäre der wahre menschliche Grad eines *Magister Artium.*

## *Natur und Geist*

Auf welchem Feld können wir diesen Kampf führen, und wie müssen wir das tun?

Der moderne Mensch leidet, selbst wenn er im Luxus badet. Er leidet an allerlei Umständen, an seinem Schicksal, an seinem Leben. Alles, was wir tun und erleben, formt sich in Gefühle um, und diese Gefühle formen sich wieder in Gedanken um. Diese Gedanken gehen weiter und weiter, auch dann noch, wenn die Geschehnisse schon vor Stunden stattgefunden haben.

Wir können zum Arzt gehen und nach einem Rezept für Tabletten fragen. Ich habe eine Depression, ich bin nervös, ich kann nicht schlafen, ich fühle mich ungenügend, Gedanken quälen mich, ich bin überaktiv, ich will dies, ich will das, ich will es so, ich will es anders - und ich tue nichts. Vielleicht verschreibt der Arzt einige Pillen, Tranquilizer, Antidepressiva, Schlaftabletten... Die Wahrnehmung des Elends wird durch das Nehmen der Pillen weniger intensiv, aber dadurch wird auch die Wahrnehmung des Glücks weniger intensiv. Wir bemerken das Glück nicht einmal mehr wirklich, und das Elend bleibt, nur auf einem weniger wahrnehmbaren Niveau.

Wir können zu einem Psychiater oder einem Psychotherapeuten gehen und nach einer Psychotherapie fragen. Ich bin in einer Depression uns so weiter... Wenn der Psychiater keine Pillen verschreibt, dann wird er mit einer anderen Art von Therapie beginnen, und wir werden erfahren, dass in Bezug auf unsere Sorgen niemand außer wir selbst etwas tun kann. Wenn ich meine Ängste überwinden muss, dann muss ich es selbst tun, welchen Weg ich auch wähle. Vielleicht versteht der Psychiater besser, was ich brauche, kennt er die Wege besser, meine Probleme aufzulösen, aber der Weg, den ich gehen muss, wird doch immer mein Weg sein. Offenbar gibt es etwas in mir, das einen Weg gehen kann, wenn ich diesen als den richtigen Weg erkenne...

Die Frage bleibt: Was ist der richtige Weg? Wie können wir Ruhe in unseren Gefühlen und Gedanken erreichen? Die Menschen im Osten haben viel mehr Ruhe in ihrem Geist und ihrer Seele, und sie haben spirituelle Lehrer, die Weisheit haben. Sie wissen, wie man diesen ruhigen Zustand erreichen kann, sie sind nach Westen gekommen und haben versucht, uns zu lehren, unsere Gefühle und Gedanken zu ‚entkrampfen'. Sie haben Yoga gebracht, Bhagwan (Oshi) ist gekommen, Krishnamurti, der Maharishi, der die transzendente Meditation lehrte, das Ayurveda wurde bekannt, wir lernten den Buddhismus kennen, den Zen-Buddhismus - und die Menschen im Westen sehnten sich nach diesem östlichen Zustand der Ruhe, also wurden sie Schüler und nach einiger Zeit auch Meister. Sie passten die östliche Weisheit den westlichen Maßstäben an und entwickelten so zum Beispiel die Mindfulness und auch den spirituellen Weg von zum Beispiel dem amerikanischen ‚Guru' Ken Wilber.

All diese Unterweisungen verweisen auf einen Zustand, wo der Mensch aus seinem assoziativen Denken - worin die Gedanken immer weiter und weiter gehen - heraustritt und sich auf etwas anderes als dieses Denken konzentriert. Dieses andere kann vieles sein: das physische Yoga-Training, das Vermeiden des intellektuellen Denkens mit Hilfe des Zen-Buddhismus, das Sich-Konzentrieren auf etwas anderes als Gedanken durch Mindfulness, der Versuch, sich eines ewigen Zustandes des Ich bewusst zu werden, der das Leben zwischen Geburt und Tod übersteigt, wie es Ken Wilber und andere lehren. Es kann auch die transzendente Meditation sein, bei der der Schüler ein individuelles Mantra ohne inhaltlich-begriffliche Bedeutung bekommt, anhand dessen er das Denken so entspannen lernt, dass ein völlig leeres Bewusstsein entstehen kann.

Die wichtigste Strategie in all diesen Unterweisungen ist eigentlich mehr oder weniger dieselbe: Konzentriere dich auf etwas anderes als das Denken und lass die Gedanken einfach kommen und gehen, sie werden dir nicht mehr lästig fallen, wenn du für eine andere Aktivität aufmerksam wirst. Das ist die Bedeutung der Konzentration auf den Atem, die Aufmerksamkeit wird auf etwas anderes gelenkt als auf die Gedanken. Die einzige Wahrnehmung, die übrigbleibt, ist der Atem: ein und aus, ein und aus, lass die Luft den ganzen Leib durchdringen, bis zu den Zehen, bis zu den Fingerspitzen, die tiefsten Organe, das Gehirn... Oder konzentriere dich auf eine Rose. Der einzige Inhalt deiner Gefühle und deines Denkens ist Rose, nichts anderes interessiert dich mehr, deine Andacht wird auf die Wahrnehmung der Rose gezogen, weg vom Denken... Oder konzentriere dich auf ein Mantra ohne Bedeutung und lass deine Aufmerksamkeit darauf ruhen, so dass dieses Mantra immer lichter und lichter wird, bis es letztlich gleichsam ins Nichts verfliegt - woraufhin kein einziger Inhalt mehr im Bewusstsein anwesend ist.

Wie man es auch macht, man gewöhnt sich daran, ausschließlich wahrzunehmen, ohne Denken, ohne Gedanken, man gewöhnt sich an das ‚Absetzen des Hutes des Denkens'. Die Aufmerksamkeit für die Faktoren des Lebens beginnt hier, man wird immer achtsamer, ohne die immer weitergehenden Gedanken.

Im Zen-Buddhismus lernen wir, aus unseren kognitiven Antworten oder Fragen herauszutreten. Auf die Frage: Was ist die Buddha-Natur? gibt es viele Antworten. Falsche Antworten sind immer die Antworten, in denen versucht wird, verständlich zu erklären, was die Buddha-Natur ist. Ein Zen-Meister würde einem, wenn man Schüler wäre, recht hart ins Gesicht schlagen oder einen an der Nase ziehen, wenn man eine kognitive Antwort geben würde. Aber wenn wir antworten würden: Die Buddha-Natur ist die Zypresse im Klostergarten ... wäre das eine wahre Antwort. Das Verlassen des Verstandes ist die Heilung der Seele auf eine zen-buddhistische Weise.

Wenn ich Ken Wilber folge, dann muss ich lernen, dass es das ‚Ich' ist, das immer da war. Was ich auch denke, fühle, in meinem Leben erlebe, immer ist das Ich als Zuschauer da. Es ist jetzt da, es war gestern da, es war sieben Jahre zuvor da, es war da, als ich zur Schule ging, es war da, als ich noch nicht zur Schule ging, es war da, als ich geboren wurde, es war da, bevor ich geboren war, es war ein Jahrhundert vor meiner Geburt da, es war tausend Jahrhunderte vor meiner Geburt da. Es scheint meinen Geist zu erhellen, dieses Zurückgehen mit meinem Ich. Aber in Wirklichkeit müsste ich bei der ersten Erinnerung dieses jetzigen Lebens stoppen. Bis dahin kann ich sicher feststellen, dass mein Ich da war, aber davor kann ich das nicht sagen, nicht mit dem Ich, das jetzt mein Ich ist. Denn mir fehlt die Erfahrung meines Ichs, ich erinnere mich meines Ichs einfach nicht. Ich weiß nicht aus mir selbst heraus, dass ich vor meiner ersten Erinnerung schon da war, ich weiß es aus Erzählungen von anderen. Ich muss also glauben, was Ken Wilber sagt, und auch, dass ich auch schon da war, bevor ich wusste, dass ich da war. Die meisten Menschen würden nicht so weit gehen, einem solchen Lehrer zu vertrauen, weil sie finden: Wenn wir über das Ich sprechen, dann müssen wir das Ich auch respektieren, das bedeutet, dass wir nicht vom Ich verlangen können, zu glauben, dass es schon da war, als es noch nicht ‚ich' sagen konnte. Das heißt: vor meiner ersten Erinnerung in der Kindheit. Vor meiner ersten Erinnerung muss ich annehmen, dass mein Ich schon da war, ich weiß es nicht aus mir selbst.

Dieses Beispiel zeigt uns, dass wir doch immer denken müssen, wenn wir sehen wollen, ob ein Weg je mein Weg sein kann. In der Mindfulness entwickle ich mich, indem ich an die Stelle der Gedanken die Wahrnehmung mit den Sinnen setze. Ich ziehe meine Aufmerksamkeit in die Sinne. Die Sinne sind ein Teil meines physischen Leibes, sie gehören zur Natur. Ich wende mich also von den Gedanken in meiner Seele ab, hin zur Wahrnehmung mit Hilfe meiner physischen Natur. Es könnte sein, dass Gedanken auch physischen Ursprungs sind, weil sie etwas mit meinem Gehirn zu tun zu scheinen haben, aber dies ist doch weniger deutlich festzustellen. Sicher und klar jedoch ist die Behauptung, dass meine Sinne natürlich sind und dass es physische Organe sind. Sicher ist also, dass ich durch Mindfulness meine Aufmerksamkeit auf die physische Wahrnehmung richte - und so auf meinen Leib.

## *Heilung durch Analogie oder das Gegenmittel*

Wir kennen in der Heilkunde zwei Richtungen, in denen wir Krankheit heilen können: Wir können versuchen, eine Medizin zu geben, die die Krankheit bekämpft; wir können auch etwas geben, das in der Natur auf analoge Weise wirksam ist, das mit der Krankheit gleichsam mitläuft, zugleich aber die Krankheit heilt. In der Heilkunde sind beide Wege als Allopathie und Homöopathie bekannt. Allopathie bekämpft Krankheit auf die gewöhnliche Weise. Es ist die medizinische Wissenschaft, die an der Universität gelehrt wird, die im Krankenhaus ausgeübt wird, durch medizinische Spezialisten und darüber hinaus durch Hausärzte. Diese Medizin beruht auf den wissenschaftlichen Beweisen und hat einen wissenschaftlichen Status.

Homöopathie dagegen hat überhaupt keinen wissenschaftlichen Status. Obwohl sie ebenfalls auf ‚trial and error' beruht und eine Tradition von Jahrhunderten hat, bleibt sie von der Wissenschaft, aber auch von Ärzten und Patienten bezweifelt.

Ich will hier keine Diskussion über Homöopathie und Allopathie beginnen. Ich will nur das Prinzip des Heilens mit einem Analogon gegenüber einem Versuch der Heilung mit dem Entgegengesetzten anführen, um zu zeigen, dass es vielleicht auch einen Weg geben kann, das Denken gerade durch ein Training des Denkens selbst zu transformieren.

Im vorigen Kapitel habe ich die verschiedenen Wege beschrieben, im Denkleben Ruhe zu finden, indem man die Aufmerksamkeit auf etwas anderes als das Denken ablenkt. Nun will ich den anderen Weg weisen: einen ruhigen Geist gerade durch das Denken zu erlangen. Wir versuchen also nicht, die Mütze des Denkens abzusetzen, wir wollen es gerade kultivieren, so dass wir ein Meister in der Kunst des Denkens werden. Das ist eine ‚Exposure'-Therapie und zugleich eine homöopathische Therapie. Wir flüchten nicht vor dem Denken, sondern sehen ihm ins Auge, und zwar so kräftig, wie es nur geht, und wir versuchen, es umzuformen, indem wir das Denken selbst einsetzen.

*Die erste Übung, erstes Beispiel.*

Wir werden nun versuchen, den Lauf unserer Gedanken selbst zu bestimmen. Wir lassen uns nicht durch aufkommende Gedanken, assoziative Gedanken, leiten, sondern werden nur denken, was wir wollen, jetzt, in diesem Moment.

Hierzu nehme ich willkürlich ein Buch aus dem Schrank, vom Regal oder woher auch immer. In meinem Fall - ich tat dies jetzt, um diese Übung zu beschreiben - hatte ich einfach ein Buch genommen, es erwies sich als ein Reiseführer für Italien. Ich öffnete das Buch einfach, und mein Auge fiel auf: *Matera, eine Provinzhauptstadt umgeben vom Hochland und Sassi.*

Ich suchte im Internet, was ‚sassi' sind: es sind Grottenbehausungen, aus dem Stein gehauen als Grotten, es gibt sogar eine Kirche. Ich machte mir selbst einen Vorschlag: Ich werde fünf Minuten lang über die Fragen nachdenken: Was ist eine Provinzhauptstadt, was ist Hochland, was sind Grotten und so weiter.

Natürlich habe ich zu wenig Wissen. Sobald ich anfange, zu denken, wird mir dieser Mangel bewusst. Ich weiß nicht einmal, wo Matera in Italien genau liegt. Aber ich kann über diese Fragen denken. Ich werde neugierig davon, und ich werde es nach der Übung aufsuchen. Aber ich kann jetzt fünf Minuten über dasjenige denken, was ich sehr wohl weiß.

Matera, Italien [1]

Die Stadt erweist sich als die Hauptstadt der gleichnamigen Provinz Matera. Es ist eine Stadt in der Region Basilicata oder Lukanien im Süden Italiens, die an Kampanien im Westen, Apulien im Osten und Kalabrien im Süden grenzt. Sie hat einen kurzen Küstenstreifen am Tyrrhenischen Meer und im Südosten auch am Golf von Tarent (einem Teil des Ionischen Meeres).

Das fand ich später. Beim nächsten Mal werde ich mit diesen zusätzlichen Informationen die Übung besser machen können.

---

[1] Wikipedia commons.

*Erste Übung, zweites Beispiel.*

Ich weiß viel über die Logik von Aristoteles, ich würde also nicht ein Buch von Aristoteles nehmen wollen, um mir eine Denkübung zu verschaffen. Also ging ich nicht zu dem Teil des Bücherschrankes, wo die Philosophie steht - was also doch bereits eine Art von Wahl war, die man eigentlich nicht machen darf. Aber ich nahm ein Buch aus einem anderen Teil des Schrankes, ohne zu schauen, welches... Ich hatte ein Buch in den Händen, das mir wegen meines Werkes über Aristoteles geschenkt worden war! Als ich es öffnete, willkürlich, fiel mein Auge auf einen Satz von ... Aristoteles, vielleicht den grundlegendsten von allen: *‚Substanz (ousia) im eigentlichsten, ursprünglichsten und vorzüglichsten Sinne ist die, die weder von einem Subjekt ausgesagt wird, noch in einem Subjekt ist, wie zum Beispiel ein bestimmter Mensch oder ein bestimmtes Pferd.'*

Obwohl ich diesen Satz sehr gut kenne, ist es doch immer wieder eine gewisse Herausforderung, ihn zu durchdenken und zu versuchen, ihn weiterzuführen.

Wenn wir dies immer wieder und wieder machen, mit einem neuen Inhalt oder immer demselben (es ist gut, nicht zu schnell neuen Inhalt zu nehmen), dann werden wir entdecken, dass die Sätze, die wir auf diese Weise mehr oder weniger durch Zufall finden, sehr geeignet für uns sind, um darüber nachzudenken. Wir werden anfangen, uns darüber zu wundern, wie es möglich ist, dass durch das einfache Nehmen eines Buches, dessen einfaches Aufschlagen, wir gerade die passenden Gedanken finden, über die wir fünf Minuten lang denken können, wobei wir unseren Gedanken selbst die Richtung geben. Zuerst müssen wir den Satz natürlich zu verstehen versuchen. Im Fall von Aristoteles kann dies schwer sein, wenn man seine Art zu denken nicht kennt. Aber auch dann ist es noch eine Herausforderung, über die Bedeutung nachzudenken - und das ist es auch, wenn man die Bedeutung sehr gut kennt.

*Erste Übung, drittes Beispiel.*

Ich nahm ein Buch aus dem Schrank, das sich als ein Buch von Leo Tolstei über ‚Die Jahre der Kindheit' erwies. Ich las: *Der Kopf war Wolodjas erste Bleistiftzeichnung, und heute, am Namenstag der Großmutter, sollte sie ihr gegeben werden.*

Es ist ein Satz in einem Roman. Wir können allerlei Denk-Experimente damit machen. Wir können zum Beispiel versuchen, ein Bild der kurzen Szene zu formen. Aber dann ist die Gefahr, dass die Phantasie mit unseren Gedanken losgaloppiert. Dann denken wir nicht mehr. Also wählte ich das Wort ‚Bleistift' aus dem Satz - es hätte auch ‚Namenstag' oder ‚Großmutter' sein können - und dachte über dieses Objekt fünf Minuten lang nach, ohne meine Gedanken abtreiben zu lassen.

Diese erste Übung bringt *Willen in das Denken*. Dies lässt uns bemerken, dass wir Zeit mit Gedanken füllen können, Sekunden, Minuten, fünf Minuten ... nicht *eine* Sekunde lang träumend, nicht wegträumend.

Wer mit diesen Übungen einen Anfang macht, muss selbst die Sätze finden und nicht diese Beispielsätze verwenden.

In der ‚Mindfulness' ist es üblich, sich zweimal pro Tag eine Zeit von zwanzig bis dreißig Minuten freizumachen, um eine Meditation zu machen. In der Methode, die ich hier beschreibe, müsste auch das ein rhythmischer Prozess werden. Man beginne mit der Meditation, wenn man morgens wach wird oder später, wenn man das angenehmer findet, und dann abends vor dem Schlafengehen oder früher, wenn man das angenehmer findet. Wir müssten lernen, uns nach diesen zwanzig bis dreißig Minuten Meditation zu sehnen. In der beschriebenen Übung haben wir uns dieser nur fünf Minuten gewidmet. Es ist also noch ziemlich viel Zeit übrig. Die erste Übung ist dazu da, Kontrolle über das Denken zu entwickeln, so dass es nicht einfach weiter und weiter geht, ohne dass wir selbst mit vollem Bewusstsein handelnd darin anwesend sind. Nur fünf Minuten zweimal pro Tag bringt uns eine wachsende Kontrolle des Denkens. Natürlich bemerken wir dies nicht unmittelbar, es wird Zeit kosten, vielleicht einen Monat oder so etwas, aber dann werden wir eine Kraft im Denken erleben, die in einem Punkt zwischen den Augen, genau oberhalb der Nasenwurzel, fühlbar wird. Wir werden fühlen, dass wir etwas entwickelt haben, das nie da wäre, wenn wir diese Übung nicht gemacht hätten, zweimal fünf Minuten pro Tag. Wir brauchen diese Kraft, um die folgenden Übungen zu machen, und wir brauchen das Wachsen der Kraft, wir brauchen nicht zu warten, bis diese Kraft auch schon ganz anwesend ist.

## *Die spirituelle Tradition des Westens*

In unserer Zeit besteht der Eindruck, dass die wahre spirituelle Entwicklung nur im Osten gefunden werden könne und dass es im Westen nur eine religiöse Tradition gebe, keine spirituelle. Doch in Wirklichkeit gibt es starke europäische spirituelle Traditionen. In der alten Zeit sprachen die Griechen aus diesen spirituellen Mysterien heraus. Platon ist noch ein spiritueller Schreiber, Aristoteles jedoch formt diese Mysterienweisheit in seine Logik und Metaphysik um.

Dann strömt das Christentum aus über Europa, und es wird ein exoterischer Gottesdienst mit dem Hauptquartier in Rom. Aber daneben entwickelt sich eine esoterische Strömung, auf der einen Seite auf dem Platonismus und dem Neuplatonismus basierend, auf der anderen Seite auf dem Aristotelismus. Die platonische Strömung endet in Chartres, fließt noch ein wenig weiter bis zu der Zeit von Marsilio Ficino in Florenz, der das ganze Werk Platons übersetzte. Der aristotelische Strom wird mächtig in der Zeit der Scholastik, der Zeit von Albertus Magnus und Thomas von Aquin. Die Logik von Aristoteles wird ein Instrument für den Geist, um die Bibel zu verstehen. Daneben haben die katholischen Heiligen ihre Visionen von Gott, der Heiligen Jungfrau, sie haben ihre religiöse Ekstase, aber die Hellsichtigkeit verschwindet allmählich.

Dennoch könnten wir sagen, dass der wahre spirituelle Pfad des Westens aus dem Entdecken des wahren Wesens des

Denkens, von Wissen, von Weisheit besteht - und aus dem Entdecken, dass in diesem wahren Wesen das wahre Wesen der wirklichen Welt gefunden werden kann. Was wir als das verwirrende Element der egoistischen Gedanken kennen, scheint nur eine oberflächliche Schicht von etwas zu sein, das in den Tiefen die wahre Bedeutung unseres Daseins ist. Hier kann ich dies nur behaupten, ich kann es nicht anders beweisen, als indem ich die Sehnsucht des Lesers anspreche, die Tiefen unseres Daseins zu entdecken.

Um diese zu finden, werden wir eine Meditation von nochmals fünfzehn Minuten machen müssen, zweimal pro Tag. In diesen kurzen Zeiten werden wir ein ganz neues Denken entwickeln. Wir werden entdecken, dass es Gedanken gibt, die einfach sind, was sie sind, dass wir darüber nicht nachdenken können, dass wir sie nicht ‚ausdenken' können. Wir müssen sie einfach sein lassen - und dies ist genau die Meditation. Es gibt eine Fülle an Inhalt, aus dem wir sie schöpfen könnten, aber ich muss Beispiele geben, und das ist es, was ich jetzt tun werde.

*Zweite Übung.*

Bevor wir beginnen, müssen wir nun jedoch unsere Seele so gestalten, dass sie in einem gesunden und reinen Zustand ist. Wir nehmen einen *Bergkristall*, so schön, wie wir ihn nur finden können, und betrachten ihn während fünf Minuten so intensiv wie nur möglich. Wir können alle Linien und Flächen betrachten, das Innerste gewahr zu werden versuchen, den Stoff, die Substanz. Dann schließen wir unsere Augen und versuchen, selbst dieser Kristall zu sein, uns ganz damit zu vereinigen.

*Dritte Übung.*

Nachdem wir nun fünf Minuten lang den Bergkristall gedacht haben, erfüllen wir unser ganzes Denken mit einem Inhalt: *Güte*.

Brauchen wir Erklärungen für diesen Gedanken? Es darf kein Wort sein, es muss ein Gedanke werden. Güte. Wir können uns helfen, indem wir etwas um diesen Gedanken der Güte herumdenken. Aber eigentlich ist das nicht nötig, denn jeder *weiß exakt*, was Güte ist.

Dann versuchen wir, nicht nur Güte *zu denken*, sondern auch zu fühlen, durch und durch. Selbst wenn wir nicht gut sein wollen, wissen wir, was es ist, gut zu sein. Mein Gefühl weiß dies auch, also ist es möglich, mit meinem Herzen die Güte zu denken.

Wir versuchen, Güte zu denken und zu fühlen, ohne *darüber* zu denken. Wir versuchen, in der Güte zu bleiben, solange wie möglich, vielleicht eine ganze Minute, vielleicht sogar mehr. Wenn wir uns bewusst werden, dass wir aus dem Gedanken herausgefallen sind, beginnen wir von neuem und wiederum und wiederum. Wenn es nicht gelingt, dann versuchen wir doch, über Güte zu denken, Beispiele zu finden, in der Geschichte, in der modernen Zeit, in unserer Umgebung. Dann versuchen wir von neuem, ganz versunken zu sein in den Gedanken und das Gefühl der Güte. Dieses Ringen muss mindestens *fünf Minuten* dauern.

Dann gehen wir über zu dem folgenden Inhalt: *Größe*.
Auch hier wissen wir exakt, was das ist. Wenn wir zum Beispiel an Alexander den Großen denken, wissen wir genau, warum er ‚der Große' ist. In der östlichen Sprache, im Sanskrit, ist das Wort ‚Mahatma' das Wort für ‚große Seele'. Eine solche Größe wird hier gemeint. Wir wissen, was wir denken müssen, und wir können dieses Denken bis in das Herz ge-

hen lassen, also bis in unser Gefühl - während noch einmal fünf Minuten. Wir bringen Größe nicht mit uns selbst in Zusammenhang, es geht nicht darum, die eigene Größe zu befragen. Das Denken ist etwas rein Objektives, und nach dem objektiven Denken können wir unser Gefühl mit dieser objektiven Größe durchtränken.

Es geht auch nicht um die mögliche Existenz dieser Dinge. Es ist nicht notwendig, an Güte und Größe zu glauben. Wir können sehr gut bezweifeln, ob gute Wesen existieren oder große Wesen existieren. Selbst wenn wir Zweifler sind, können wir die Güte und die Größe denken und fühlen. Es wird schwer sein, aber nicht unmöglich.

Die letzten fünf Minuten widmen wir dem Gedanken: *Ewigkeit*. Auch dies ist ein Gedanke, den jeder kennt, ob man daran glaubt oder nicht. Wir können die Ewigkeit denken und versuchen, diese anschließend zu fühlen, noch einmal fünf Minuten ringend.

Wenn wir dazu imstande sind, diese Arbeit im innerlichen Leben des Denkens während einer Woche zu tun, standhaft zweimal pro Tag mindestens zwanzig Minuten, dann werden wir entdecken, wie wohltuend, heilsam dies wirkt. Eine neue Seite des Denkens kommt auf. Dieses Denken ist von *Willen* durchdrungen, weil ich genau das denke, was ich denken will, nur *einen* Gedanken und nichts anderes. Aber dieser Gedanke scheint *auch* zu *leben*, denn er wächst. Zuerst ist es vielleicht nur ein Wort mit ein bisschen Inhalt, den man denkt, aber der Gedanke wächst, der Inhalt wird expliziter und detaillierter, kann immer besser gefühlt werden, und das Gefühl des Gedankens macht diesen Gedanken bedeutungsvoller. Nach jeder Meditation fühle ich mich innerlich reicher. Die Begriffe, die es wert sind, um für sie zu leben, wachsen in meinem inneren Leben: Güte, Größe, Ewigkeit. Durch meine Versuche, nichts über diese Ideen zu denken, sondern sie nur zu denken, scheint mein ewiges Urteil im Denken sich zu befreien. Ich brauche es nicht mehr. Was macht es aus, ob ich an Güte, Größe, Ewigkeit glaube? Ich kann sie denken, ohne daran zu glauben. Das ist die Schönheit des Denkens, dass es frei von meiner persönlichen Überzeugung ist. Überzeugungen erweisen sich als noch etwas anderes als mein Denken. Überzeugungen kleben an meinem alltäglichen Selbst. Das Denken befreit mich gerade von mir selbst und zieht mich empor zu einer Welt, die nicht subjektiv ist, die aber auch nicht nur objektiv ist. Es ist eine absolute Welt, in sich selbst bestehend. Bevor ich mit diesem Denken begann, wusste ich nicht, dass eine solche Welt existiert. Nun beginne ich, zu fühlen, dass sie existiert und dass ich dazu gehöre, dass ich mehr dazu gehöre als zur äußeren materiellen Welt. Ich kann eine Art von *Nach-Hause-Kommen* empfinden.

Von dem Moment an werde ich keine Mühe mehr haben, die Disziplin zu finden, Tag für Tag mit dieser Meditation weiterzugehen. Ich werde sogar anfangen, mich danach zu sehnen, genauso wie ich mich danach sehne, nach Hause zu kommen, wo allem vertraut werden kann, weil dies dasjenige ist, wo ich zuhause bin, wo alles bekannt ist, in einer großartigen Weise.

Vielleicht wird man erwidern, dass man in dieser Woche der Meditation überhaupt nichts von alledem erfahren hat; dass man sich dazu zwingen musste, die Zeit für die Übungen zu finden. Dann ist deutlich, dass man nicht seinen ganzen Einsatz gegeben hat, seine totale Hingabe, mit allem, was man ist. Man war zu schwach, zu abgelenkt, zu wenig beteiligt. Man sollte dann noch eine Woche weitermachen, sich selbst aufwecken, stimulieren, in Gang setzen. Man hat sich daran gewöhnt, vor dem Fernseher zu sitzen, vor seinem Laptop, seinem iPhone, und man erwartet, dass alles von selbst geht. Das geht nun nicht. Wenn man nach draußen geht, um irgendeinen Wettkampf zu bestreiten, dann weiß man sehr genau, wie man sich selbst zum Einsatz erwecken muss. Man versuche, sich daran zu erinnern, und man stimuliere seinen Mut, seine Freude, seine Aktivität. Es ist die Kombination aus diesem Mutmachen, der Konzentration auf einen Gedanken *und* dem Effekt dieses einen Gedankens auf das eigene Denken, Fühlen und Wollen, das einen in eine Metamorphose bringt. Man betrachte sich also sorgfältig, während man meditiert, und versuche, sich dessen bewusst zu sein, was es in einem aufweckt: Freiheit, Wachstum des Denkens, innerlichen Reichtum. Ewigkeit, Größe, Güte. Man fühle den Mut, die Freude, die Aktivität im Denken.

## *Die zweite Woche*

Wir verwenden das Denken für alles. Es scheint sich aus sich selbst zu entwickeln, und wir sind uns nicht bewusst, dass in dessen Tiefen ein weises Wesen lebt, das genau weiß, wie es denken muss. Wenn wir das Denken in die Hand bekommen wollen, werden wir uns bis zu diesem weisen menschlichen Wesen vertiefen müssen. Das Denken geht weiter und weiter, und es entfaltet sich selbst.

Nur in der Wissenschaft, der Kunst und der Technik scheint das Denken aktiver zu werden, der Denker muss etwas *tun*. Aber das Denken ist dennoch ein Entfalten von Inhalt. Was dieses weise menschliche Wesen in der Tiefe der Seele wirklich weiß, wirkt als eine Aktivität im Denkleben. Wenn wir imstande wären, uns dieser Denkbewegung klar bewusst zu werden, dann wären wir imstande, dieses Denken in der Hand zu haben, sowohl als eine Aktivität als auch in Bezug auf die Bildung des Inhalts. Wir würden besser wissen, wo die Gedanken ihren Ursprung haben, und wir wären imstande, die Begriffe immer bewusster zu verbinden. Sie würden uns nicht mitschleifen, sondern wir wären Meister über sie. Dieser Meister würde den Lauf der Gedanken bestimmen können, während wir immer exakter wissen würden, was und wie wir denken.

In der Form der Meditation, die hier gegeben wird, versuchen wir wirklich, das innere Wesen in den Tiefen unserer Seelen zu erreichen. Dieses Wesen kennt alle Begriffe, die wir hier entfalten, und indem wir sie entfalten, erreichen wir dieses weise Wesen.

Nun verändern wir den Inhalt unserer inneren Arbeit. Jede Meditation beginnen wir mit der Übung der Kontrolle des Denkens. Zugleich versuchen wir, den Entschluss zu fassen, unsere Gedanken während des Tages einigermaßen zu betrachten, also auch, wenn wir im Alltagsleben aufgehen. Natürlich gelingt das nicht und wird es Gefühle großer Machtlosigkeit geben, aber die Ausrichtung auf ein Resultat muss ganz überwunden werden. Das Wichtigste ist der Versuch, mit dem wir versuchen, zu erreichen, wozu wir uns entschließen, nicht die Vollkommenheit des Gelingens. Dennoch ist es eine Tatsache, dass wir sehr viel erreichen, und wir werden das bemerken, jede Woche deutlicher.

Wir beginnen also unsere Meditation mit der fünf Minuten dauernden Übung des Denkens über ein Thema, das in einem Buch zu finden ist, das wir willkürlich aus dem Schrank holen und das wir einige Male wiederholen. Danach betrachten wir den Bergkristall.

Dann gehen wir weiter mit der Meditation, etwa fünfzehn Minuten, mit drei neuen Begriffen. Dies sind wiederum Begriffe, die jeder zur Verfügung hat, wir brauchen nicht eine lange Zeit darüber nachzudenken, was die Bedeutung ist, die Bedeutung ist unmittelbar klar, evident.

Während fünf Minuten versuchen wir zu denken: *Macht*. Macht ist etwas, was wohlbekannt ist, aber es ist der Mühe wert, einmal fünf Minuten lang darüber zu denken. In der Macht erstreckt sich der menschliche Wille bis zu Fertigkeiten oder zu Mitgeschöpfen und wird deren Meister. Um ein fähiger Pianist zu werden, braucht es Macht; um ein Diktator zu sein, auch. Ein Maurer ist Meister über seinen Beruf, ein Heiliger über seine Triebe, der Bezähmer wilder Tiere ist Meister über die Tiere und so weiter. Wir können auch versuchen, die Macht zu *fühlen*, aber da kommen wir in ein recht risikoreiches Gebiet, weil Macht nun einmal nicht immer gut ist. Macht kann gut sein, aber es kann natürlich auch ein sehr falsches Gefühl sein. Um dieser Gefahr zu entgehen, können wir anstelle menschlicher Macht an übermenschliche Macht denken. Wir könnten versuchen, diese übermenschliche Macht zu denken, und versuchen, sie zu fühlen. Das können wir auch, wenn wir überhaupt nicht an Gott glauben.

Die nächsten fünf Minuten erfüllen wir unseren Geist, unser Gefühl, mit dem Begriff *Weisheit*. Dieser Begriff, der zugleich eine Fertigkeit ist, ist nicht so einfach zu denken. Der Mensch muss schon einigermaßen weise sein, um Weisheit denken zu können. Auf der anderen Seite weiß jeder unmittelbar, was mit dem Wort Weisheit gemeint wird. Diese Bedeutung denken wir nun, und wir werden wiederum erleben, dass die Bedeutung wächst, indem wir sie ruhig denken, ohne zu versuchen, den Begriff mit intelligenten Gedanken zu füllen. Man denke einfach Weisheit - nicht als ein Wort, sondern als eine Bedeutung - und die Bedeutung wird wachsen. Wir werden uns an weise Personen in der Geschichte erinnern, Philosophen, Theologen und Wissenschaftler, aber auch Könige und Königinnen, sogar Kaiser, Schriftsteller, Künstler und so weiter, aber auch weise Mütter, Väter, Onkel, Tanten und so weiter. Weisheit kann wiederum *gefühlt* werden.

Die letzten fünf Minuten widmen wir uns dem Gedanken ‚*Wunsch*', und zwar in der allgemeinsten Bedeutung. Wir könnten auch ‚Wille' oder ‚Bedürfnis' oder ‚Begehr' sagen, aber die Liebe ist vielleicht noch die beste Bedeutung für dieses Wort. Liebe ist schließlich die höchste, reinste Form von Wunsch oder von Wille. Dennoch ist es nicht nur Liebe, die hier bedacht wird, es müssen auch die Vorstadien sein, das Bedürfnis, der Wunsch, die durch Reinigung zu Liebe werden. Beim Sich-Verlieben haben wir eine Form von Zwischenzustand zwischen Wunsch und wahrer Liebe. Aber beim Denken dieses Begriffes suchen wir die umfassende Welt des Wunsches. Wünsche können gut sein, aber sie können auch sehr schlecht sein. Wir denken also den Gedanken ‚Wunsch' oder ‚Bedürfnis' so weit wie nur möglich, im vollen Umfang, und versuchen, eine Form von Passion und Leidenschaft der Seele zu empfinden.

Es kann natürlich sehr schwer sein, sich auf diese Begriffe zu konzentrieren, ohne Gedanken darüber zu haben. Vielleicht schlafen wir während des Versuchens ein. Dann können wir unseren Einsatz vergrößern, indem wir die Begriffe mit uns selbst als deren Denker zu verbinden. Im Denken besteht meistens kein Band zwischen dem Gedanken und dem Denker. Der Denker denkt den Gedanken, aber es ist ein abstrakter Gedanke. Wenn wir den Begriff des Kreises denken, dann bin ich nicht selbst ein Kreis, während ich ihn denke. Der Denker und der Gedanke sind zwei verschiedene Dinge.

In den sechs Begriffen, die wir in der Meditation denken, ist es jedoch möglich, ganz zu *sein*, was wir denken, was wir als Gedanken formen. Wenn ich den Begriff ‚Güte' bilde, ist es möglich, den Begriff Güte mit mir selbst als Denker zu verbinden. Ich kann es fertigbringen, ‚gut zu sein', während ich Güte denke. Zudem wird die Bedeutung unendlich viel reicher und erfüllt, wenn ich die Verbindung zwischen Denker und Gedanke erlebe. Der Gedanke kann durch diese Verbindung verwirklicht werden. Natürlich ist der Mensch nur dann gut, wenn er im Leben ein guter Mensch ist - nicht nur in Gedanken. Aber ich kann wirklich ganz der Gedanke von Güte *sein*, von Größe, Ewigkeit, Macht, Weisheit und wollender Liebe.

Es ist eine neue Erfahrung. Noch nie habe ich mich selbst als einen Gedanken empfunden oder mich selbst in einen wahren Begriff transformiert. Es ist eine Art Magie, die ich jetzt erlebe. Im gewöhnlichen Leben ist es nicht möglich, *zu werden, was ich sein will.* In meinem Denkleben scheint dies nun möglich zu sein, und sei es mit nur ein paar Begriffen. Aber vielleicht gibt es mehr Begriffe, vielleicht wird sich herausstellen, dass ich als Mensch imstande bin, mich letztlich in alle Gedanken zu transformieren, die möglich sind?

Ich schließe meine Meditation mit dem Entschluss ab, während des Tages meine Gedanken zu betrachten - und so viel wie möglich wertvolle Gedanken zu denken, keinen Unsinn...

## *Die dritte Woche*

In dieser Woche werden wir noch drei Begriffe entfalten. Später werden wir sehen, warum es genau diese drei sein müssen und warum wir gerade sie gewählt haben.

Nun vergessen wir also die vorherigen Begriffe wieder und formen drei neue. Der erste Begriff ist *Tugend*. Vielleicht ist dies nicht so einfach. Tugend ist etwas Altmodisches, es ist etwas, wonach moderne Menschen nicht mehr streben. Lieber voller Untugenden statt tugendsam. Dennoch hat das Wort eine viel weitergehende Bedeutung als ‚Tugend' in einer öden Gestalt. Im Lateinischen ist es virtus, im Englischen virtue. Da wird deutlich, dass sich das Wort in seiner Bedeutung auch bis zur Fachmännischkeit erstreckt, vor allem künstlerisch: virtuoses Geigenspiel. Tauglich bedeutet, dass etwas auf die Weise gemacht ist, wie es am besten ist. Es ist eine Art Handwerkskunst, aber nicht nur in der Technik mit nützlicher Hand, auch in der moralischen Sphäre. Es bedeutet, dass man weiß, wie man etwas machen muss - und dass man es auch kann.

Das ist ein Thema in der Religion, aber darum geht es hier nicht. Wenn man einen Chirurgen bei der Arbeit sieht, der seine Arbeit mit Kundigkeit vollbringt - dann ist das Tugend. Wenn man mit jemandem zusammenlebt, der im Leben das richtige Maß kennt - dann ist das die Tugend. Tugend ist, den richtigen Weg zu kennen und diesen zu *gehen*.

Der zweite Begriff dieser Woche ist *Wahrheit*. In der Philosophie wurden dicke Bücher geschrieben, um einen richtigen Begriff der Wahrheit zu formulieren. Der Inhalt des Begriffs hat sich in den letzten Jahrhunderten stark verändert. Aber wir können jetzt einmal versuchen, den Begriff nicht zu durchdenken, sondern es bei der ersten Evidenz zu belassen, genau so, wie er unmittelbar als Begriff für uns deutlich ist. Vielleicht ist da anfänglich nicht viel von einer Bedeutung, aber jeder weiß natürlich sehr wohl, was Wahrheit eigentlich ist. Wir versuchen also, all unser Wissen über die Bedeutung von Wahrheit zu vergessen, und wir versuchen, nur zu denken. Dies wird eine bestimmte Empfindung geben, die wir als die wahre Bedeutung von Wahrheit fühlen. Wiederum müssen wir versuchen, die Gedanken stark mit unserem eigenen Sein zu verbinden, müssen versuchen, den Begriff mit der ganzen Kraft unseres Selbst, unseres Ich, zu denken. Fünf Minuten lang *leben als die Wahrheit selbst,* das ist es, was realisiert werden müsste. Es ist eine Herausforderung, einen bestimmten Begriff zu denken, ohne darüber zu denken, und ihn dennoch intensiver zu denken als je zuvor. Man wird der Begriff, ist davon erfüllt. Wir produzieren ihn, als ob es eine Geburt ist, aber bleiben doch eins damit.

Der dritte Begriff ist die Herrlichkeit, die *Glorie*. Es ist etwas, was wir nicht mehr kennen, es scheint sogar ein einigermaßen gefährliches Etwas für das Denken, das Fühlen zu sein. Moderne junge Menschen kennen es nur noch als eine Form von Ekstase, einen Effekt des Alkohols, aber vor allem von Drogen oder aufregenden Partys. Das ist nicht die Herrlichkeit, obwohl sie glorios zu sein scheint. Jetzt müssen wir es jedoch als einen Begriff denken, nicht als einen Zustand, der erreicht werden muss. In Zeiten, in denen die Religion noch sehr bekannt war, hatte man noch einen Begriff von Glorie. Die Glorie von Gott, gloria in excelsis deo. Es war ein

Teil der Feier in der katholischen Kirche, ein Teil der Messe, und als solcher komponiert von berühmten Komponisten. Man denke zum Beispiel an die Messa di Gloria von Puccini, großartige Musik, zu finden etwa auf Youtube. Aber da ist die Glorie nicht einmal so deutlich. Glorie, Herrlichkeit ... eine Art Krone aller Begriffe dieser drei Wochen.

In diesen drei Wochen formten wir die folgenden neun Begriffe: Güte, Größe, Ewigkeit, Macht, Weisheit, Liebe, Tugend, Wahrheit und Herrlichkeit.

## *Die neun Begriffe: alles, was existiert*

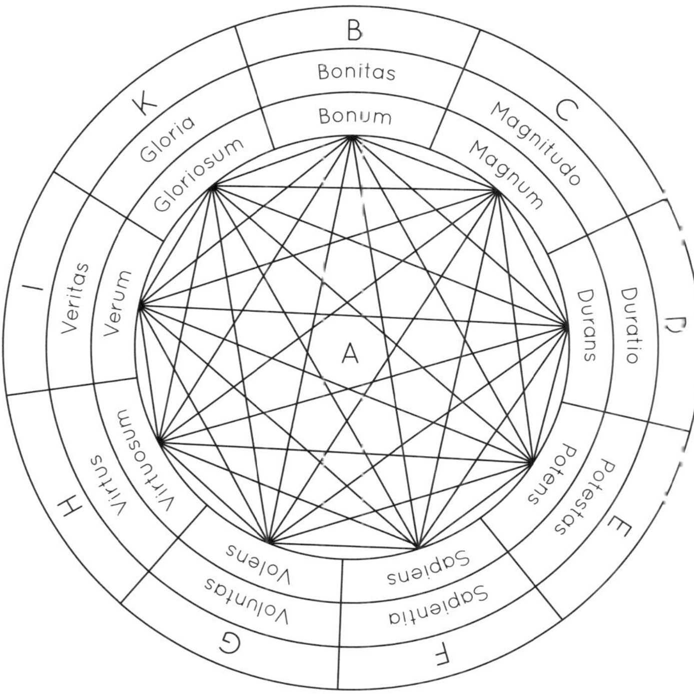


Dies ist eine Figur, die während einer inneren Erleuchtung von dem spanischen Philosophen und Theologen Raimundus Lullus (Ramon Llull, 13. Jahrhundert) empfangen wurde. Er entwickelte ein System richtigen Denkens, das er die ‚Ars generalis' oder die ‚Ars magna' (die große Kunst) nannte. Später schrieb er seine ‚Ars brevis', eine kürzere, komprimiertere Version der ‚Ars magna'.

In dieser Figur sind unsere neun Begriffe neun Teile eines Kreises. Bonitas = *Güte,* Magnitudo = *Größe*, Duratio = *Ewigkeit*, Potestas = *Macht*, Sapientia = *Weisheit*, Voluntas = *Wille*, Virtus = *Turgend*, Veritas = *Wahrheit*, Gloria = *Ruhm*. Das A im Mittelpunkt ist das Wesen, das all diese Eigenschaften hat, für Raimundus Lullus war das Gott selbst.

Nun sehen wir, wie wir von jeder Qualität aus Linien zu allen anderen Punkten, zu allen anderen Qualitäten ziehen können. Wir finden hier den Aufruf, mit unserem meditativen Denken weiterzugehen, es komplizierter und differenzierter zu machen. Wenn wir ‚Güte' denken, dann denken wir über eine Form von ‚Subjekt' - auch wenn es eine Qualität ist. Wenn wir der Linie zum nächsten Punkt folgen, mitgehend mit der Bewegung der Uhr, dann können wir Güte und Größe auf zwei Arten kombinieren: Wir können sagen: Güte ist groß. Aber wir können auch sagen: Größe ist gut.

Wir müssen in B beginnen und dann in den kommenden Wochen nach K gehen. B ist nur auf sich selbst bezogen und ist B. Aber dann ziehen wir eine Linie zu C, dann zu D und so weiter. In dieser Woche werden wir die Verbindungen innerhalb der ersten drei Abschnitte untersuchen. In der nächsten Woche gehen wir zu den folgenden drei, danach zu den letzten drei. Die Begriffe werden reicher und reicher, bis sie eine vollkommene, ruhige Seligkeit in der Glorie finden.

Nun formen wir dies zu einer Meditation um. Wir haben schon gelernt, nicht in Worten, sondern in Essenzen zu denken. So denken wir von neuem ‚Güte', aber nun fügen wir ein Prädikat als ein Beiwort hinzu. Groß sagt etwas über die Güte, und wir können versuchen, dies zu denken und es wiederum zu fühlen: Das Gutsein ist groß. Wir können fühlen, wie die Güte sich ausbreitet, immer größer und größer wird, sich über die ganze Welt erstreckend, die Planeten und Sterne, vielleicht noch weiter als die Sterne...

Jetzt nicht sich langweilen! Hinter diesen Begriffen und ihrer Verbindung werden wir das wahre Wesen von uns selbst als Denker finden.

Dann denken wir wiederum ‚Größe'. Aber nun fügen wir umgekehrt als ein Prädikat, als ein Adjektiv ‚gut' hinzu. Gut sagt nun etwas über die Größe, es sagt, dass die Größe gut ist. Wir können versuchen, dies zu denken und wieder zu fühlen. Größe ist gut, es ist darin nichts Böses, sie ist gut in all ihrer Größe. Magnitudo. Man erlebe die Unterschiede zwischen der Verbindung der Begriffe, so tief, wie man kann. Das Denken von Güte, die groß ist, ist sehr verschieden vom Denken von Größe, die gut ist.

Das Wichtigste ist *die Art des Denkens,* die durch diese Meditation gelernt werden kann. Es ist nicht das oberflächliche, flüchtige Denken, an das wir gewöhnt sind. Es wird mit jedem Versuch dichter. Wenn wir nur die Worte meditieren würden, wäre es ziemlich lächerlich, dies zu tun. Es wird jedoch sinnvoll, sobald wir unser Denken in der Weise vertiefen, dass es wie ein Fühlen des Gedankens und ebenso wie ein Wollen des Gedankens wird.

Dann ziehen wir die zweite Linie, von Güte zu Ewigkeit: Güte ist ewig, ewige Güte. Nicht zeitlich, sondern ewig, eigentlich ganz losgelöst von jedweder Zeit. Güte ist hier von einer ewigen Dauer. Es ist eine Güte, die nicht durch die Zeit beschränkt ist, nicht durch die Vergangenheit oder durch eine Zukunft, sondern außerhalb aller Zeit. Dann gehen wir zurück entlang dieser Linie, und die Ewigkeit wird das selbstständige Nomen. Güte wird das Beiwort. Die Ewigkeit ist gut. Nun müssen wir sehr klar und differenziert denken. Güte hat in diesem Fall nichts zu tun mit der Länge der Zeit, es ist die Ewigkeit selbst, die gut ist - was an sich nicht einfach vorzustellen ist. Aber wir können dies immer wieder und wieder versuchen.

Die dritte Linie wird von Größe zu Ewigkeit gezogen, von Ewigkeit zurück zu Größe. Dies ist eine neue Linie. Hier werden wir uns noch mehr Mühe machen müssen, dies klar zu denken. Sich vorzustellen, dass Größe ewig ist, ist nicht so schwer. Aber es ist für uns nicht üblich, zu denken, dass die Ewigkeit groß ist, ohne auf quantitative Weise über eine endlose, große Zeit zu denken. Dauer ist keine Zeit. Wie können wir das ‚immer Seiende' als groß denken? Hier muss ‚groß' auf eine nicht-quantitative Weise verwendet und verstanden werden, so, wie wir über eine ‚grande dame' sprechen.

Wenn wir dies wirklich so intensiv, wie wir nur können, versuchen, dann werden wir bald bemerken, dass das Denken etwas anderes wird, als es war. Es erscheint als eine fein unterscheidende Aktivität, die immer mehr und mehr als eine innere Kraft erlebt wird.

## *Die fünfte Woche*

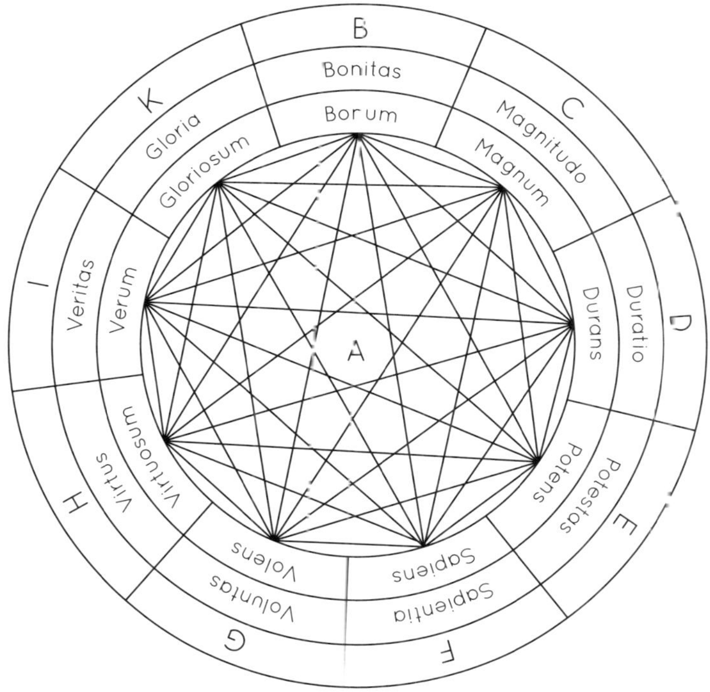


In dieser Woche nehmen wir den zweiten Teil des dreifältigen Organismus, der uns durch Raimundus Lullus gezeigt wird. Es sind die Buchstaben E, F und G. Potentas, Sapientia und Voluntas. *Macht, Weisheit und Wille (oder Wunsch oder Liebe).*

Wir ziehen wiederum die Linien, aber wir können dabei nicht innerhalb dieser drei Begriffe bleiben, wir müssen eine Linie von E zu B ziehen, und wir sagen: Macht ist gut.

Wenn wir dies gründlich gedacht haben und gefühlt haben, dann denken wir: Güte ist mächtig. Wichtig ist, den Unterschied zwischen diesen beiden Kombinationen mit dem ganzen menschlichen Wesen zu denken und zu fühlen, das wir sind.

Nun wird eine Linie von E zu C, zu Größe gezogen. Wir denken: Macht ist groß, und dann umgekehrt: Größe ist mächtig.

Eine dritte Linie wird gezogen von E zu D. Wir denken und fühlen: Macht ist ewig. Wir versuchen, die Wirklichkeit einer Macht zu denken, die ewig ist. Und dann umgekehrt: Die Ewigkeit ist mächtig. Indem wir es denken, können wir fühlen, dass die Ewigkeit ein erfülltes Etwas ist, nicht eine Leere. Eine ‚Dauer', die voller Macht ist.

Nun gehen wir zur anderen Seite, E zu F. Wir denken und wir fühlen: Macht ist weise, eine weise Macht. Das ist etwas anderes als eine blinde Macht! Weise Macht und dann umgekehrt: Wissen ist mächtig, Weisheit ist voller Macht.

Eine vierte Linie geht von E zu G und zurück: Macht ist voller Wille; Wille ist mächtig.

Mit jedem Schritt wird der Prozess komplexer, ausgebreiteter, denn in dem Moment, wo wir zu Punkt F als Anfangspunkt für die Linien gehen, müssen wir wiederum von neuem beginnen: Weisheit ist gut; Güte ist weise.

Wir gehen nicht weiter als bis zu den Feldern, die wir jetzt meditieren, wir beschränken uns also auf B, C, D, E, F, G.

Ich werde die anderen Linien, die von F und G ausgehen, nun weiter der inneren Aktivität des Lesers überlassen, der sie meditiert. Dies alles muss in der fünften Woche getan werden. Aber man denke nicht, dass dies langweilig oder öde wäre. Das scheint natürlich so, wenn man nicht mit seinem Denken in die Materie eintaucht. Wenn man dies tut, dann findet man das Wachsen seines konzentrierten Denkens, das Wachsen der eigenen Lust, der eigenen Fertigkeit, in komplizierter Materie unterscheiden zu können. Daneben wird uns bewusst, dass diese Entwicklung des Denkens wie ein Heilmittel wirkt, wie eine heilende Aktivität für unsere Energie, für unseren Körper.

*Die sechste Woche*

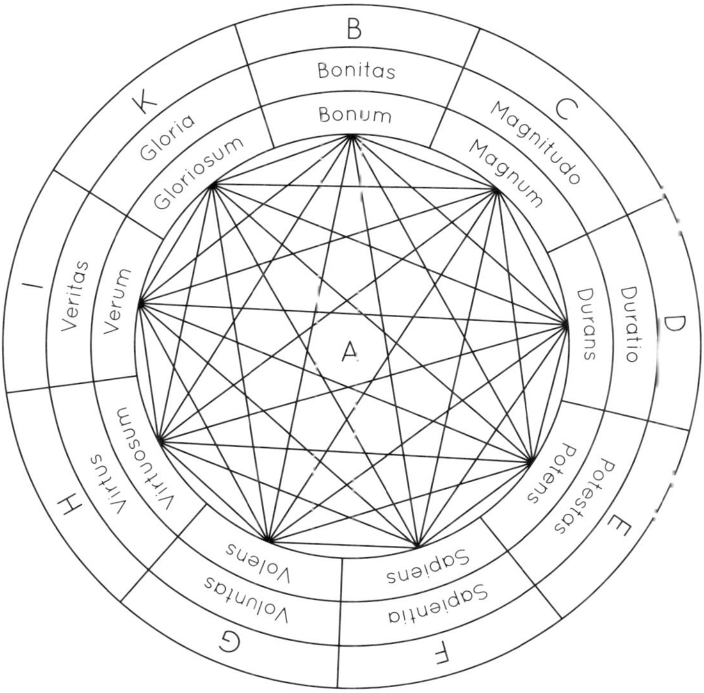


Nun müssen wir unsere Ausdauer im Denken noch stärker entwickeln. Wir machen immer zuerst unsere erste Übung, die Kontrolle des Denkens; dann machen wir die zweite vorbereitende Übung, das Wahrnehmen und Erleben eines Bergkristalls.

Dann kann unsere Meditation mit dem dritten dreifachen Teil H, I und K beginnen, *Tugend, Wahrheit und Glorie.* Wir beginnen mit *Tugend.* Wir stellen uns diesen Begriff wieder so kräftig und lichtvoll wie möglich vor. Dann müssen wir diesem sechs Prädikate geben: Tugend ist gut, Tugend ist groß, Tugend ist ewig, Tugend ist mächtig, Tugend ist weise, Tugend ist voller Wille. Aber dann müssen wir auch noch zur anderen Seite, nämlich: Güte ist tugendsam, Größe ist voller Tugend, Ewigkeit ist voll Tugend, Macht ist voll Tugend, Weisheit ist voll Tugend, Wille ist tugendsam.

Wir gehen über zur Wahrheit. Wir hatten diese schon in der dritten Woche gedacht, und wir können jetzt versuchen, noch klarer zu denken, noch tiefer zu fühlen. Dann ziehen wir die Linien. Wir können entlang dieser Linien hin und her gehen, wir können ihnen auch zuerst in derselben Richtung folgen und danach die Richtung ändern, wie ich es für Tugend vorschlug. Es ist kein dogmatisches Lehrsystem, es ist gemeint als ein Denken mit Freude, als ein Spielen mit Denken. Es ist wie ein Entdecken einer neuen und doch bekannten Welt. Wir entdecken unser Zuhause, zum ersten Mal...

Nun nehmen wir unseren Anfangspunkt in K: Herrlichkeit, Glorie. Wir ziehen die Linien zu gut, groß und so weiter. Wir müssen nun durch den ganzen Kreis gehen, und das ist eine ziemliche Anstrengung. Wir verbieten uns selbst, die Worte auszusprechen, die ja nur einen Hauch von Bedeutung haben. Wir wollen wirklich denken, das bedeutet, dass wir uns die Anstrengungen auferlegen müssen, wirklich eine Herrlichkeit zu denken, die gut ist, eine Güte, die herrlich ist, eine Glorie, die groß ist, eine Größe, die herrlich ist - und so gehen wir weiter, bis der Kreis geschlossen ist.

Wir haben in uns ein leichtes Ahnen, was eigentlich der Baum der Erkenntnis ist...

Der Baum der Erkenntnis, L’arbre de ciència, 1505.

Die gegebene Figur mit den Begriffen kommt von Ramon Llull, einem Philosophen und Theologen aus Mallorca, auch ‚doctor illuminatus' genannt, der von 1232 bis 1316 lebte. Seine *Ars magna* hat Einfluss auf spätere Denker gehabt. Eine der wichtigen Personen, die sich für diese Ars magna interessierten, war Nikolaus Cusanus. Aber auch Giordano Bruno, Agrippa von Nettesheim, Pico della Mirandola und sogar Isaac Newton und Gottfried Wilhelm Leibniz haben sich darin vertieft. - Natürlich gab es auch Gegner, aber das beruht meist auf einem Missverständnis, einem falschen Verstehen.

Wir können unser modernes Denken mit Hilfe dieser Figur mit neun oder eigentlich zehn Begriffen - denn A ist auch ein Begriff, aber ein undenkbarer Begriff - sehr weit entwickeln. Der wichtigste Gedanke von Ramon Llull war, dass der Mensch imstande ist, zu einem universellen Begriff zwischen allen Menschen, zwischen allen Religionen, allen politischen Systemen und zugleich in der Wissenschaft zu kommen - und zwar durch die Kunst des Denkens. Dies sind auch herausragende Gedanken in den Überzeugungen von Gottfried Wilhelm Leibniz und Pico della Mirandola.

Im Altertum hat ein anderer Denker gelebt, der auch zehn Begriffe entwickelt hat. Das wird der nächste Schritt für uns sein: diese zehn Begriffe zu denken. Es sind nicht solche Begriffe wie Güte, Größe und so weiter.

Diese neuen Begriffe sind der Beginn aller Logik. Sie sind nicht solche völlig gefüllten Begriffe, sie sind nur eine dynamische Form, durch die wir die volle Realität denken können, nicht direkt als eine volle Wahrheit, aber als ein Skelett für die Wahrheit.

Dieser alte Denker ist *Aristoteles*. Wir können eine neue Figur machen, einen Kreis mit A im Mittelpunkt und neun verschiedenen Formen, Begriffen darum herum. A ist der Träger der anderen neun Begriffe.

Über eine heilige Person können wir sagen, dass ihre Güte groß ist, ewig, mächtig, weise und so weiter. Aber wenn eine andere heilige Person neben dieser ersten steht, dann werden wir doch einen Unterschied machen wollen. Er oder sie hat auch eine große Güte und so weiter, ist aber verschieden. Dieser Unterschied liegt in dem A der neuen Figur. Es ist die Essenz des Wesens, in der alle Qualitäten, alle Begriffe *sind,* aber auf eine einzigartige Weise zusammengestellt. Dies ist der Fall für eine heilige Person, aber natürlich auch für alle ‚normalen' Zeitgenossen. Vielleicht wird bei ihnen die Güte etwas weniger groß oder sogar klein sein, wird sie nicht ewig und mächtig und so weiter sein, aber die Frage ist: Wie unterscheiden wir die Essenz eines Wesens?

Es geht nicht nur um menschliche Wesen, es geht auch um Dinge, Tatsachen und Prozesse.

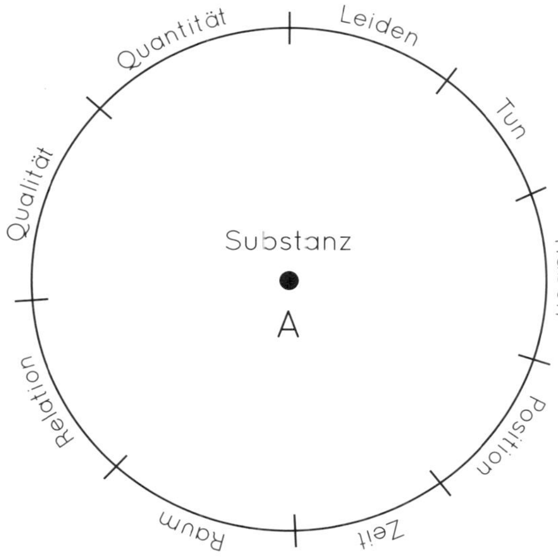


Die Richtung könnte auch andersherum im Kreis sein, aber Aristoteles gab die folgende Reihenfolge:

Quantität, Qualität, Relation, Raum, Zeit, Position, Haben, Tun und Leiden. Wir dürfen dies nicht festlegen, sondern müssen immer alle Möglichkeiten in Bewegung bringen...

## *Die siebte Woche*

Nun beginnen wir erneut mit dem Formen von Begriffen, und wir werden den enormen Unterschied zwischen den Begriffen von Ramon Llull und Aristoteles entdecken. Wir werden schließlich finden, wie diese wie eine Art von musikalischer Harmonie im Denken zusammenkommen.

Wir beginnen unsere Meditation von neuem mit der Kontrolle des Denkens, dann mit dem Wahrnehmen und Denken eines Bergkristalls.

Der erste Begriff ist *Quantität*. Wenn wir lesen würden, was Aristoteles darüber geschrieben hat, dann würden wir ein großes Kapitel mit allen möglichen Elementen von Quantität finden - wie Zahl, Maß und Gewicht, Menge, größer, kleiner, schwerer, leichter und so weiter, kontinuierliche Quantität, diskrete Quantität...

Hier werden wir Aristoteles nicht lesen. Wir wissen im allgemeinen sehr gut, was mit *Quantität* gemeint ist, und wir versuchen, diesen Begriff auf dieselbe Weise zu denken, wie wir die neun Begriffe von Llull gedacht haben. Wir werden erleben, dass wir uns nicht so einfach mit diesen Begriffen durchdringen können. Wir müssen sie wirklich erst formen, wir müssen darüber denken, auch wenn wir nicht damit beginnen, sie zu spezifizieren. Wir können eine schnelle Runde entlang unserer früheren Begriffe machen und uns die Frage stellen, ob Güte quantitativ gemessen werden kann, ob Größe quantitativ gemessen werden kann und so weiter. Können diese Begriffe in einer Zahl ausgedrückt werden, die präzise gemessen oder abgewogen ist? Wir werden erleben, dass dies nicht möglich ist, dass die exakte Quantität nicht ein Begriff ist, der im Gebiet des menschlichen Daseins, wie es in den neun Begriffen von Llull gegeben ist, angewendet werden kann. Sehr wohl kann diese Kategorie in einem übertragenen Sinne angewandt werden, so wie im Begriff ‚Größe' natürlich auch eine Quantität liegt, aber nicht als etwas, was gemessen und exakt ausgedrückt werden kann.

Der zweite Begriff ist *Qualität.* Hier hat Aristoteles ebenso den vollen Umfang der möglichen Bedeutung von Qualität ausgearbeitet, aber auch ohne diese völlige Ausarbeitung kennen wir die Bedeutung von Qualität. Jeder weiß, was dies bedeutet, wir müssen die Bedeutung nur von allen gewöhnlichen Assoziationen und der verfestigten Meinung reinigen. Qualität bedeutet nicht ‚gut' oder ‚schlecht', es bedeutet nur *die Art von etwas.* Wir können den Begriff Quantität mit dem Begriff Qualität vergleichen und entdecken die völlig verschiedene Bedeutung der beiden Begriffe. Wenn wir mit ‚Qualität' den Kreis von Llull entlanggehen, dann werden wir finden, dass diese neun Begriffe alle für sich Qualitäten von einem hohen psychologischen Niveau sind.

Die dritte Kategorie ist die *Relation*, die Beziehung im ausführlichsten Sinne des Wortes. Familienmitglieder haben ihre Beziehung zueinander, aber Geliebte auch. Wir können Quantitäten und Qualitäten vergleichen, und so können wir Beziehungen finden, wie zum Beispiel verschieden, gleich und entgegengesetzt; beginnend, unterwegs und am Ende; größer, kleiner und genauso groß. Ursache und Folge sind auch Begriffe, die mit Beziehung zu tun haben.

Wenn wir dies alles gedacht haben, kommen wir zurück zu dem Umfang des Begriffes. Wir müssen lernen, diesen direkt zu denken, die ganze Bedeutung umfassend, und uns damit durchdringen. Wenn wir dann wiederum den Kreis entlanggehen, finden wir, dass wir die Güte, die Größe und so weiter von zwei Wesen vergleichen können. Wir können auch versuchen, die verschiedenen Begriffe untereinander zu vergleichen, zum Beispiel indem wir Güte in Beziehung zu Größe bringen. So finden wir uns wieder in der vierten, fünften und sechsten Woche unserer Übungen. Wir werden die Beziehung zwischen den neun Begriffen finden, zum Beispiel, dass Weisheit nicht möglich ist ohne Wahrheit; oder dass Tugend nicht möglich ist ohne Liebe. Aber wir müssen tief in diese Gedanken vordringen, um zu vermeiden, dass es eine Art von bloßer Pflichterfüllung wird, ohne Feuer, ohne Engagement.

Am ersten Tag wird dies eine große Herausforderung sein, aber am zweiten Tag wird das Denken geschmeidiger, klarer und vertieft werden. Wir können lernen, mit den Begriffen zu leben, so wie wir mit geliebten Freunden leben, glücklich, ihnen näher zu kommen, sie kennenzulernen. Wir haben eine intime Beziehung mit diesen Begriffen und werden entdecken, dass sie uns eigen sind, dass sie eingeboren sind.

Güte müssen wir entwickeln, wenn wir gut sein wollen. Aber diese neuen Begriffe leben in uns als Instrumentarium, um zum Urteilen zu kommen. Dies sind Erfahrungen, die wir sicher durch diese Meditationen erwerben werden. Aber dann müssen wir versuchen, tiefer zu differenzieren, was wir in Bezug auf diese neun vorherigen Begriffe gefunden haben. Wir werden versuchen müssen, zu fühlen, zu erfahren, dass Quantität in diesen neun Begriffen keinen Platz hat. Wie dagegen alle neun Begriffe selbst Qualitäten sind, wie sie miteinander in Beziehung gebracht werden können und wie die eine Qualität in Beziehung gebracht werden kann zu eben dieser Qualität in zwei verschiedenen Subjekten.

Wir sind an diese Form von Denken nicht gewöhnt. Gedanken sind meistens Worte mit einem Hauch von Bedeutung. Sie kommen und sie gehen. Nun müssen es lebende Wesen mit verschiedenen Handlungen werden. Diese Handlungen werden wir entdecken und erfahren lernen müssen.

Es ist eine Möglichkeit, die Form dieses Denkens mit seinen Ohren zu hören, man kann dem in Form von Musik lauschen. Tatsächlich ist alle Musik ein lebendiger Gedanke, der in Harmonie und Disharmonie gehört werden kann, einst aber lebte ein Komponist, dessen Denken so rein und komplex war, dass er es in eine musikalische Form bringen konnte. Dieser Komponist war *Johann Sebastian Bach*. Die Komposition, die der Form des Denkens, die wir hier entwickeln, nahekommt, ist *Die Kunst der Fuge*. Das Stück ist als eine Art Lesebuch geschrieben, und es kann auf dem Cembalo oder dem Klavier gespielt werden. Man kann es aber auch in instrumentalen und sogar orchestralen Darbietungen hören. Die intensivste Weise, dieser Musik zu lauschen - diese Musik kann nie Hintergrundmusik sein -, ist, ihr mit der vollen Partitur zuzuhören, sodass man sehen kann, wie beeindruckend die Komplexität der Harmonien in vier Stimmen ist. Dies kann auf dem modernen Medium Youtube gefunden werden.

## *Die achte Woche*

Wenn in den ersten sieben Wochen die Übungen intensiv und gründlich getan worden sind, werden die innere Kraft und Macht so verstärkt worden sein, dass das Denken eine bestimmte lebendige Kraft in sich erreicht hat. Was ohne diese vorherigen Übungen langweilig und unausführbar sein würde, wird nun eine intrigierende Aktivität. Dieser innere Führer für das Denken ist nicht ein Buch, das man nur lesen kann, es wäre, als ob man eine Liste von Worten liest. Der Leser muss denken *wollen!*

Nun beginnen wir diese achte Woche mit drei neuen Begriffen. Zuerst machen wir die vorbereitenden Übungen, dann formen wir die drei neuen Begriffe.

Als erstes denken wir den vierten Begriff: *Raum*. Von neuem werden wir dies wieder so ausführlich wie möglich denken müssen. Wir brauchen hier keine mathematischen, physikalischen oder philosophischen Ideen. Wir müssen nach der evidenten Bedeutung von ‚Raum' suchen. Wir können dies als ein Bild denken, nicht nur ein kosmischer Raum ist Raum. Raum kann auch auf eine übertragene Weise gedacht werden, wir haben auch innerlichen Raum in unseren Gefühlen, in unseren Gedanken (Freiheit des Denkens oder dogmatisches Denken) und so weiter. So können wir eine evidente Bedeutung von Raum im allgemeinen finden. Das versuchen wir fünf Minuten lang zu denken, während wir keine Ideen oder

Begriffe formen, sondern versuchen, uns mit dem evidenten Gedanken zu erfüllen.

Dann denken wir den fünften Begriff: *Zeit*. In der Philosophie und in der Physik wird die wirkliche Existenz von Zeit manchmal verneint. Zeit wird angesehen als eine Form der Einteilung einer natürlichen Veränderung in der Beziehung zwischen der Sonne und der Erde - und nicht als ein Element mit einer eigenen, wahren Existenz. Vielleicht denkt der Leser ebenso, dass die Zeit nicht etwas Wirkliches sei. Das macht hier nichts. Der Mensch kann schließlich auch denken, was er nicht glaubt. Die Aufgabe ist, Zeit als eine Evidenz zu denken, so ausführlich wie möglich und nicht nur als ein Ticken der Uhr, sondern auch als etwas, was wir in unserem inneren psychischen Leben haben, in physiologischen Rhythmen (etwa im weiblichen Rhythmus der Ovulation und so weiter), man denke an den Zeitaufwand in Gedanken und Gefühlen, in Taten; das Gefühl für Zeit, das Gefühl, Zeit genug zu haben oder in Eile zu sein. Man erfülle sein ganzes Menschsein mit Zeit.

Der sechste Begriff ist *Position*, Haltung oder Standpunkt. Dies ist auch ein Begriff, der sowohl äußerliche als auch innerliche Bedeutung hat. Aristoteles beschreibt dies als Sitzen, Stehen, Liegen, Hängen. Diese Positionen, diese Haltungen können jedoch auch übertragen gedacht werden. Es liegt etwas Unheilvolles in der Luft... Stehen bedeutet auch Status, Sitzen kann auch eine Zeitspanne sein, in der man eine bestimmte Aktivität verrichtet - eine Sitzung zum Beispiel. So können wir versuchen, Position, Haltung, so ausführlich wie möglich zu bedenken, wörtlich und physisch, aber auch übertragen. In der buddhistischen Tradition gibt es einen Zustand, in dem der Schüler ‚die richtige Position' üben muss: das ist die richtige Beziehung zwischen dem inneren und dem äußeren Leben, das Finden eines Gleichgewichtspunktes zwischen beiden Extremen. Auch das können wir als einen Standpunkt denken. Auch ein Standpunkt von Meinungen, das ist ebenfalls eine Position.

Aber nach dem Denken dieser drei Begriffe müssen wir uns wiederum die Arbeit machen, diese Begriffe mit unseren ersten neun Begriffen zu kombinieren. Ist Güte räumlich? Ist Raum gut? Ist Größe räumlich? Ist Raum groß? Und so weiter. Hat Glorie eine Beziehung zur Zeit? Ist Zeit Glorie? Dann müssen wir den Kreis entlanggehen und versuchen, zu erleben, was diese Begriffe mit unseren neuen Begriffen ‚haben'. Es ist nicht wichtig, dass wir sichere und richtige Antworten finden, es geht um die ausführliche Aktivität im Denken. Das ist wichtig, und indem wir aktiv sind, werden wir sicher bestimmte, klare Bedeutungen empfinden, fühlen, wie von neuem eine Fuge und eine Kontrapunkt-Erfahrung entsteht, eine Erfahrung des Lebens der verschiedenen Begriffe und ihrer Verbindungen oder ihrer Verbundenheit. Wir brauchen dieser Runde nicht viel Zeit zu widmen, wir können im Prinzip in weniger als einer Minute rundherum gehen und fühlen, was geschieht.

## *Die neunte Woche*

In dieser Woche werden wir die anderen drei Begriffe formen und in der nächsten Woche den Träger dieser neun Begriffe - das wird dann das Thema für unser Denken werden -, und zwar Substanz, oder Sein oder Wesen. Ich gehe davon aus, dass die vorbereitenden Übungen, die Kontrolle des Denkens und der Bergkristall, eine Gewohnheit geworden sind. Diese kleinen Übungen müssen immer vor jeder Meditation gemacht werden.

Der siebte aristotelische Begriff ist *Haben*, nicht nur als Besitz, auch mehr in der Beschreibung dessen, wie ein Ding sich zu einer Eigenschaft verhält. Aristoteles beschreibt sehr kurz, was er mit dieser Kategorie meint. Er meint wirklich etwas besitzen, aber er gibt zugleich das Beispiel, dass ‚Haben' auch auf eine falsche Weise verwendet werden kann, zum Beispiel wenn wir sagen: Ich habe eine Frau. Dies ist falsch, weil ein menschliches Wesen nicht ein anderes menschliches Wesen als Besitz haben kann. Wir besitzen unseren Partner nicht.

Aber wir können auch versuchen, diesen Begriff ausführlicher zu denken, auf eine *übertragene Weise.* Wir ‚haben' schließlich auch Qualitäten, Dispositionen, Merkmale und so weiter. Und materielle Dinge haben auch allerlei Qualitäten und Merkmale. Prozesse, das Wetter zum Beispiel, können auch teilweise dadurch charakterisiert werden, dass sie bestimmte Aspekte haben. Der Wind hat eine quantitative Kraft.

Danach erfüllen wir uns selbst mit diesem Gedanken: Haben. Dieser Begriff ist eine Herausforderung, man kann den Unterschied zwischen Haben und Sein bedenken. Schließlich denken wir unseren ersten Kreis von neun Begriffen durch: das Haben von Güte, Größe und so weiter. Güte hat Größe, Größe hat Macht, Macht hat Weisheit, Glorie hat Weisheit, die Wahrheit hat Weisheit.

Der achte Begriff ist *Tun* oder *Aktivität*. Peter rennt, Jeanine studiert. Aber auch hier ist die ausführlichere Weise des Denkens gefragt. Nicht nur die physische Aktivität müsste bedacht werden, sondern auch psychische, mentale Aktivität.
Die Arbeit, die wir in dieser Meditation tun, ist ganz sicher *etwas tun*; eine Sprache lernen ist Aktivität; einen Patienten befragen ist Aktivität; Fragen des Arztes beantworten ist Aktivität.
Aber eine Lawine von Steinen, die einen Berg hinabstürzt, ist nicht eine Aktivität, dies muss in die Kategorie Passivität versetzt werden; selbst die Ursache der Lawine kann eine passive Ursache sein - obwohl irgendwo eine Aktivität gefunden werden müsste, die kausal ist.
So können materielle, physikalische und mechanische Ursachen nie in der Kategorie Aktivität untergebracht werden. Man versuche, dies sorgfältig zu unterscheiden, und fühle den Unterschied zwischen einer Aktion eines lebendigen Wesens als einer Ursache und der Wirkung einer physischen Ursache.

Dann stellen wir uns die volle Bedeutung von Aktivität vor und erfüllen uns mit dieser Bedeutung. Schließlich müssen wir von neuem die Runde machen: Ist Güte eine Aktivität; ist Aktivität gut; und so weiter.

Der neunte Begriff schließlich ist *Affektion*, Passivität oder *Leiden*. Aristoteles spricht kurz darüber. Wir können uns alle

Arten von Leiden vorstellen. Es sind immer Formen des Erleidens. Aber wenn ein kleines Kind Stiefel trägt, ist dies auch eine Form von Leiden, von Erleiden: es ist ein ‚gestiefeltes' Kind... Wir können versuchen, dies im vollen Umfang zu denken, denn es gibt viele psychische Leiden. In der Philosophie wird die Wahrnehmung mit den Sinnen als ein passives Phänomen bezeichnet, ebenso das Empfangen von Begriffen, von Gedanken. Das scheint im Widerspruch mit den Sätzen des vorherigen Kapitels zu stehen, aber hier können wir den Unterschied zwischen Denken als einer Aktivität in der Meditation und einem passiven Empfangen von Gedanken fassen.

Wir stellen uns die volle Bedeutung von ‚passiv' vor, im vollen Umfang, und erfüllen uns mit diesem Gedanken. Schließlich machen wir die Runde entlang des Kreises: Ist Güte passiv, ist Passivität gut, ist Leiden gut, ist Tugend in Passivität möglich, können wir Tugend erleiden, ist Passivität eine Tugend ... und so weiter. Aber wir müssen dies schnell machen, in einer Minute oder so müssen wir versuchen, den Unterschied zu fühlen.

# *Die zehnte Woche*

Nun müssen wir einen fundamentalen Begriff formen, zu dem alle anderen Begriffe eine Beziehung haben. Aristoteles sagte es sehr stark: Wenn es keine Substanz gäbe, dann würden die übrigen Kategorien auch nicht existieren. In der Figur von Llull könnten wir sagen: Wenn es kein A gäbe, dann gäbe es auch kein B und so weiter. Die Qualitäten müssen jemanden haben, der sie hat. Natürlich könnten wir versuchen, uns vorzustellen, dass die neun Begriffe für sich *seiende* Wesen sind. Das wäre ein platonischer Gesichtspunkt. Hier wollen wir jedoch nicht mit Gedanken beginnen, die nicht so einfach zu fassen sind. Wir wollen ein klar bewusstes und richtiges Denken entwickeln, ein reines intelligentes Denken, das sein Fundament in sich selbst hat. Also folgen wir Aristoteles, dem Begründer der Logik, der systematischen Beschreibung der Technik des Denkens.

Ich werde ein Beispiel von *Substanz* geben, ein Subjekt mit allen Prädikaten. Ich zitiere Wikipedia:

‚Aristoteles war der Sohn des berühmten Arztes Nikomachos, Leibarzt von König Amyntas III. von Mazedonien (der Großvater von Alexander dem Großen). Aristoteles wurde früh Waise. Er wurde von seinem Onkel Proxenus aufgezogen. Im Alter von siebzehn Jahren ging er nach Athen und wurde als Schüler an Platons Akademie aufgenommen, die er erst zwanzig Jahre später, nach Platons Tod im Jahr 347 v. Chr., wieder verließ.

Aristoteles kann als der erste homo universalis angesehen werden, weil er in der Gesamtheit der damals bekannten Wissenschaften (Philosophie, Psychologie, Politik- und Sozialwissenschaften, Mathematik und Naturwissenschaften, Sprache und Literatur, Theater...) erfahren war, die er systematisch und methodisch zu einem in sich geschlossenen System ausarbeitete. Aristoteles kann daher als *Systemphilosoph* betrachtet werden. Auch führte er die Logik und die Methodologie als Methode, Wissenschaft und Philosophie zu betreiben, ein.

Nachdem er an einigen Orten lehrend tätig gewesen war, wurde er etwa 342 v. Chr. von König Philip II. nach Mazedonien gerufen, um sich als Privatlehrer um die Erziehung seines dreizehnjährigen Sohnes Alexander, später ‚Alexander der Große' genannt, zu kümmern (bis etwa 340 v. Chr.).

335 v. Chr. kehrte er nach Athen zurück, wo er dreizehn Jahre lang im Peripatos (Wandelgang) des Lyceums (griech. *Lykeion*) lehrte. Er wird daher auch der Begründer der ‚peripathetischen Schule' genannt.

Als Folge einer anti-mazedonischen Reaktion nach dem plötzlichen Tod von Alexander dem Großen (323 v. Chr.) wurde er als Kollaborateur betrachtet und der Gottlosigkeit angeklagt. Anders als Sokrates verließ er die Stadt, mit der auf Sokrates verweisenden Begründung, *‚dass er den Athenern ein zweites Verbrechen gegen die Philosophie ersparen'* wolle. Er floh nach Chalkis, zum Landgut seiner Mutter. Dort starb er ein Jahr später an den Folgen eines Magenleidens mit 61 Jahren. Sein Testament zeigt, dass Aristoteles ein fürsorglicher Hausvater und ein humaner Gebieter für seine Sklaven war. Einige seiner Freunde sind ihm sein Leben lang treu gefolgt.

Die letzten klassischen griechischen Philosophen, die Neuplatoniker, kannten und studierten Aristoteles' Werk gut. Durch sie wurde sein Werk ins Syrische und Arabische übersetzt, wodurch es die arabische Welt beeinflusste, lange bevor es die Denker des Westens beeinflusste - dies geschah erst ab dem 12. Jahrhundert in Spanien durch die Kultur der Mauren und die dortigen Übersetzungen durch jüdische Intellektuelle. Davor war nur sein Werk *Logica* um 500 durch den Römer Boëthius ins Lateinische übersetzt worden. All seine anderen Schriften wurden erst etwa 800 Jahre später verpflichtender Lehrstoff in der westlichen akademischen Welt und erfuhren erst seit der Erfindung des Buchdruckes eine größere Verbreitung. Nach dem Goldenen Zeitalter in den Niederlanden verlor sein Gedankengut etwas an Gunst, doch ab ca. 1800 lebte Aristoteles' Popularität wieder auf. Der polnische Philosoph Jan Łukasiewicz (1878–1956) erforschte Aristoteles' formale Logik.'

Aristoteles ist das Thema, das Subjekt dieser Beschreibung. Wir versuchen jetzt, über diese Individualität zu denken und uns zu realisieren, dass, wenn wir ein Subjekt denken, dies dasjenige ist, was Aristoteles ‚*Ousia*' nennt. Es ist das individualisierte Wesen, nicht das Wesen im allgemeinen, sondern ein Sein, das nicht weiter unterteilt werden kann, es ist das Ungeteilte. Es bedeutet nicht nur einen Menschen oder ein lebendiges Wesen, es kann auch ein Ding sein, etwa ein Tisch; aber es muss dann dieser Tisch hier oder dort sein, in diesem Moment, in dieser Form, von diesem besonderen Material und so weiter. Also nicht Tisch im allgemeinen, als ein allgemeiner Begriff.

Wir haben hier einen Menschen Aristoteles, er lebt nicht jetzt, sondern er lebte in alten Zeiten (*Zeit*), er wurde in Stagira geboren, lebte an verschiedenen Orten (*Raum*). Er war ein Philosoph und ein Wissenschaftler (*Qualität*). Dann folgt eine Beschreibung aller Beziehungen, die er hatte. Er war der Sohn von Nicomachus, danach hatte er einen Vormund und ging auf die Akademie in Athen, wurde der Lehrer von Alexander dem Großen und so weiter. All diese Prädikate gehören zur Kategorie *Relation*. Das Medium, durch das das

Subjekt die spezifischen Qualitäten ausspricht, ist die Kategorie *Haben*, es ist eine Verbindung zwischen dem Subjekt und seinen Qualitäten. Seine Wirkung, seine *Aktivität*, ist etwas ganz anderes, wir finden diese in der Tatsache beschrieben, dass er ein Empirist wurde, und in der Tatsache, dass er Philosophie und Wissenschaft und so weiter betrieb - und in der Tatsache, dass er eine außergewöhnlich weitreichende Wirkung auf seine Zeitgenossen hatte, bis ins Mittelalter und sogar bis in die moderne Zeit.

Die Begriffe *Quantität*, *Position* und *Passivität* können in dieser Beschreibung auch gefunden werden. Quantität liegt zum Beispiel in der Lebenszeit, aber auch in der Anzahl der Bücher - obwohl diese nicht genau bekannt ist. Position: Aristoteles war der erste wirkliche Wissenschaftler der Geschichte, und jeder Wissenschaftler steht gleichsam bei ihm in der Schuld... Das ist eine Form von Position. Wir können versuchen, andere Formen von Position im Text zu empfinden. *Erleiden* oder *Passivität* liegt ebenso wie die Aktivität im ganzen Werk von Aristoteles, in seiner Rezeption, der Art, wie er den menschlichen Erkenntnisprozess als einen empfangenden Prozess beschrieb. Auch die Wahrnehmung mit den Sinnen muss als ein empfangender Prozess, nicht aktiv, aufgefasst werden.

So haben wir *neun Kategorien* in der Beschreibung gefunden. Aber die zehnte, oder die erste, ist nicht zu beschreiben. Alle Prädikate geben etwas an Information über diese Individualität, über diese ‚Entelechie', über das zentrale Wesen, das all diese Qualitäten hat. Wir können Substanz also nicht beschreiben, wir können nur darumherum beschreiben. Aber jedes menschliche Wesen hat das Vermögen, dieses unbeschreibliche Wesen, diese Individualität zu erfassen, auch wenn sie nicht zu beschreiben ist. Das ist es, was wir in dieser zehnten Woche tun, wir formen Bilder individueller Wesen, lebendiger und materieller Wesen, und wir versuchen, das Wesen darin zu erfassen, das nicht weiter geteilt werden kann, ohne die Substanz zu verlieren. Ein Holztisch, der in zwei Stücke zersägt worden ist, ist nicht mehr die ursprüngliche Substanz, er hat sein Wesen, sein Dasein verloren.

Es ist der schwierigste Begriff für das Denken, aber es ist zugleich der wichtigste, weil ohne Substanz die anderen Begriffe auch nicht existieren können.

## *Die elfte Woche*

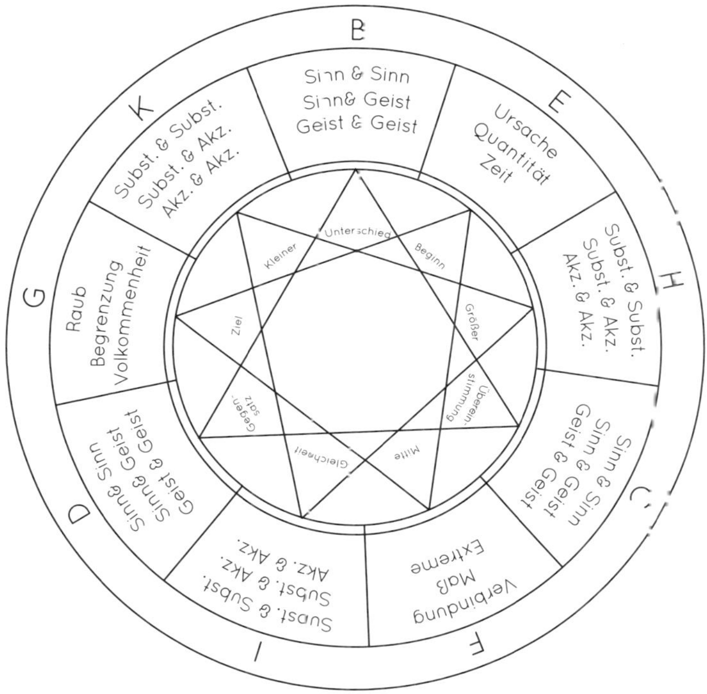


In dieser Woche kehren wir zu Ramon Llull zurück, zu einer anderen Figur, die er in seiner Ars Brevis gegeben hat. Dies ist eine herausfordernde Figur. Es werden aristotelische Begriffe verwendet, aber Llull verwendet sie in einer organisierten Form. Wir sehen hier drei Dreiecke und finden neun Punkte eines Neunsterns, die uns neun neue Begriffe geben. Alle Begriffe gehören zur Kategorie Relation, sie verweisen auf neun Gebiete, wo sie wirksam sind. Nun wird es kompliziert, und wir würden es nicht schaffen, noch weiter zu gehen, wenn wir nicht schon in den zurückliegenden zehn Wochen diese starke Denkkraft entwickelt hätten.

Die neun Punkte sind Begriffe, die mit möglichen *Varietäten der Kategorie Relation* zu tun haben.

In dieser elften Woche nehmen wir das erste Dreieck, das auf B, C und D verweist. Bei B finden wir den ersten Begriff: *Unterschied.* Wir wissen exakt, was das bedeutet. Diese Bedeutung denken wir nun fünf Minuten lang, ohne *darüber* zu denken, es ist nur ein konzentriertes Denken von *Unterschied.* Dann gestatten wir uns selbst, *Unterschied* unseren ersten Kreis von Güte und so weiter entlanglaufen zu lassen: Dass Güte sich von Größe unterscheidet, ist evident, aber Güte kann auch in verschiedenen Substanzen verschieden sein, die eine Person ist in Bezug auf die Güte von einer anderen Person verschieden. Wir können auch eine Runde durch die aristotelischen Begriffe machen, wir können verschiedene Quantität, verschiedene Qualität, verschiedene Beziehung und so weiter denken. Es ist hier die Kategorie *Relation,* die mit den anderen Kategorien musiziert. Unterschied spielt eine Rolle in verschiedenen Sinneswahrnehmungen, in dem Unterschied zwischen einer Sinneswahrnehmung und einem nicht sinnlichen spirituellen Etwas, oder in dem Unterschied zwischen zwei unsichtbaren Merkmalen. Dies wird von Llull im mittleren Ring gezeichnet.

Der zweite Begriff ist *Gleichheit,* in Punkt C. Wir wissen genau, was das ist, es ist ebenso ein evidenter Begriff, und wir können ihn konzentriert denken, uns mit der Bedeutung erfüllen und dann den Kreis der Qualitäten entlanggehen: Güte und so weiter. Danach den Kreis der Kategorien entlanggehen: gleiche Quantität, gleiche Qualität, derselbe Ort, dieselbe Zeit und so weiter. *Gleichheit* spielt eine Rolle bei gleichen sinnlichen Merkmalen, in der Gleichheit zwischen sinnlichem und nicht-sinnlichem Merkmal oder in der Gleichheit bei zwei unsichtbaren Merkmalen.

Der dritte Begriff ist *Gegensatz*, in Punkt D. Auch dieser ist evident. Nachdem wir ihn gedacht haben, ohne darüber zu denken, können wir ihn wiederum in Bezug auf die neun Begriffe denken, und dies ist sehr interessant: Güte - Schlechtigkeit, Größe - Kleinheit, Ewigkeit - Zeitlichkeit, Macht - Ohnmacht, Weisheit - Unweisheit/Unwissenheit, Liebe - Hass, Tugend - Untugend, Wahrheit - Unwahrheit/Irrtum/Lüge, Glorie - Unbedeutendheit. Aber man könnte es auch anders sagen, dann müsste man sagen: gut - nicht gut, groß - nicht groß, ewig - nicht ewig, Macht - keine Macht, Weisheit - keine Weisheit... Das ist eine andere Art von Gegensatz, den wir später noch auf eine aristotelische Weise wiederfinden werden. Dann können wir die zweite Runde machen: entgegengesetzte Quantität, entgegengesetzte Qualität, entgegengesetzter Ort - das scheint nicht zu denken zu sein; entgegengesetzte Zeit - scheint auch nicht zu denken zu sein. Der Gegensatz spielt eine Rolle in entgegengesetzten sinnlichen Merkmalen, im Kontrast zwischen einem sinnlichen Merkmal und einem nicht-sinnlichen Merkmal oder im Kontrast zwischen zwei nicht-sinnlichen Merkmalen.

Unser Denken ist nun ziemlich kompliziert und ausführlich geworden, aber noch immer ist keine Rede von einer entwickelten Logik im Denken. Wir entwickeln nur Begriffe, es sind Fingerübungen, Tonleiterstudien. Es ist noch keine Musik, diese muss noch kommen, aber kompliziert ist unser Denken jetzt schon. Wir müssen in klaren Begriffen denken, und wir müssen sie zu komplizierteren Begriffen kombinieren; wir müssen sie ohne Worte denken, weil es ein Begriffsdenken ist, ein nicht gesprochenes Denken, das wir jetzt entwickeln.

## *Die zwölfte Woche*

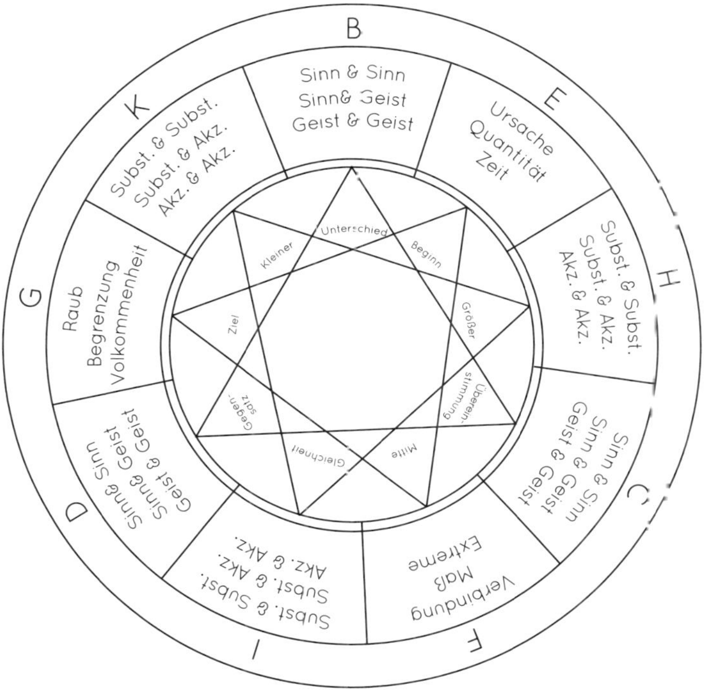


Das zweite Dreieck verweist auf E, F und G.

Punkt E ist in dieser Woche unser erster Begriff, es ist *Beginn, Start.* Mit Ewigkeit ist dies nicht in Übereinstimmung zu bringen, das wissen wir unmittelbar. Wir können den *Beginn* denken, wir wissen alle, was das bedeutet. Wir versuchen, ein Gefühl dafür zu bekommen, eine Form eines inneren Bildes oder eines Prozesses, der einen Beginn hat. Wir sind inzwischen geübt, ohne ein Wort zu sprechen, in unserem Geist dennoch zu denken und den vollen Umfang des Begriffes zu denken: Beginn. Wir können den *Beginn* von Güte, Größe, Macht, Weisheit, Liebe, Tugend, Wahrheit, Glorie denken.

Wir können versuchen, die Verbindung zwischen *Beginn* und den aristotelischen Begriffen zu finden. Diese Dreieckspitze verweist auf ein Gebiet, wo wir drei Felder finden, wo dieser Begriff gedacht werden kann. Der Beginn kann eine *Ursache* sein, zum Beispiel: Selbsterkenntnis ist der Beginn von Weisheit. Es kann eine bestimmte *Quantität* sein: Mit welcher Quantität von Intelligenz kann ein Schüler die Mittelstufe beginnen? Es kann ein Beginn einer bestimmten *Zeit* sein: Mit welchem Alter kann ein Kind zur Schule gehen?

Das zweite Konzept ist *Mitte*, in Punkt F. Es liegt zwischen dem Beginn und dem Ziel, dem Ende. Wir können dies unmittelbar als eine Art von Bild denken: eine Mitte zwischen Beginn und Ende. Aber es ist nicht nur die Mitte von Zeit gemeint, es kann zugleich Mitte eines Prozesses sein, es kann gemeint sein als *intermediär*, ein Dazwischen. Das ist der erste Begriff, den wir über der Spitze des Dreiecks finden, in der zweiten Schicht (Verbindung). Mitte kann auch als *Maß* gemeint sein, und Mitte kann auch die Mitte zwischen *Extremen* sein.

Der dritte Begriff ist *Ziel*, Ende. Wenn wir diesen so klar wie möglich zu denken versuchen können, als etwas, das erreicht werden muss, klein oder groß, göttlich, menschlich oder tierisch, dann können wir ihn wiederum fühlen und ihn in Form eines Bildes erfassen: etwas, das am Ende eines Prozesses liegt, der angestrebt war, der einen Beginn hatte und der eine Mitte hatte, nun strebt er dem Ende zu. Es kann unmöglich werden, das Ziel zu erreichen, indem eine völlige *Verhinderung* stattfindet; es kann auch sein, dass eine *Beschränkung* stattfindet, dass das Ziel nur teilweise erreicht werden kann; und die dritte Möglichkeit ist, dass das Ziel völlig erreicht wird, das ist die *Vollkommenheit.*

Am Ende jeder Meditation dieser Woche müssen wir ein bisschen mit den Begriffen spielen lernen, während wir diese drei Begriffe und die Verbindungen denken. Wir können auch versuchen, Verbindungen mit dem ersten und dem zweiten Kreis zu finden. Wir müssen wieder an die Musik denken, wenn wir dies tun. Denken hat wirklich eine Übereinstimmung mit Musik: Es gibt sieben oder zwölf ‚Begriffe', die tönen, und es gibt ebenso zweimal zwölf Tonarten, wie wir in dem folgenden Kreis, dem Quintenzirkel, sehen können.

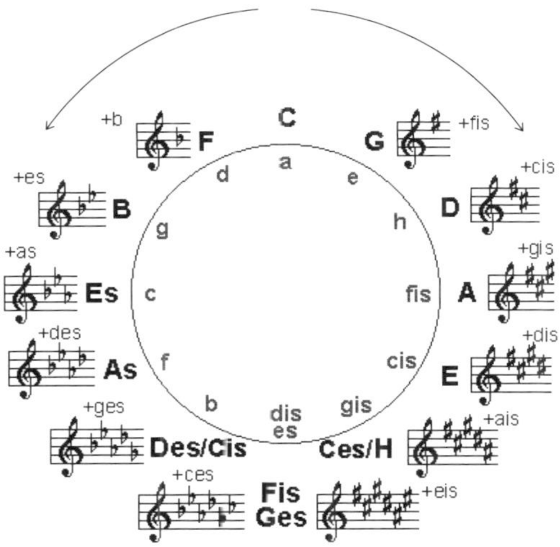


In der Musik erklingt eine Komposition immer in einer dieser Tonarten und kann auch in eine andere Tonart moduliert werden. Innerhalb dieser Tonart gibt es eine wunderbare Kombination von Tönen, Harmonien, Disharmonien und erneuter Harmonie. Dies hat eine exakte Übereinstimmung mit dem Denken, wie wir es in der zwölften Woche geübt haben.

## *Die dreizehnte Woche*

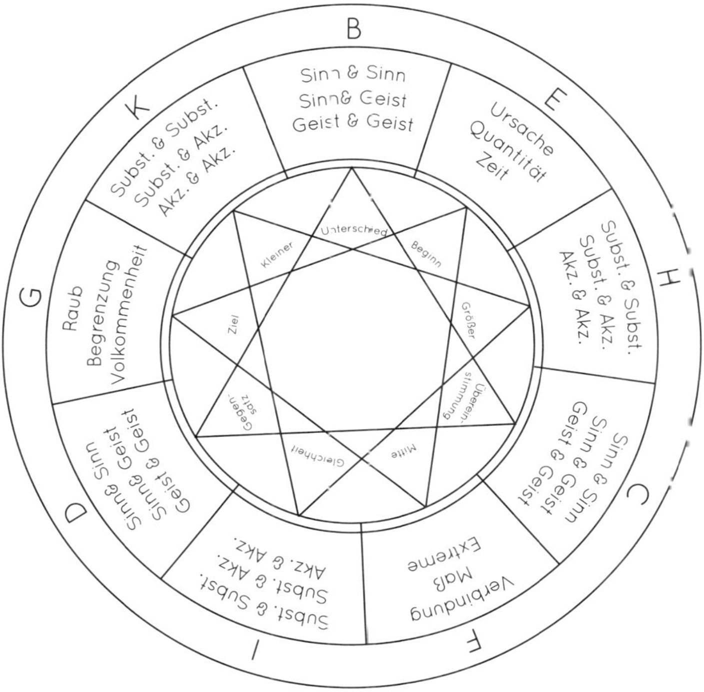


Nun gehen wir zu den Punkten H, I und K. Diese Begriffe, die zur Kategorie Relation gehören, werden von Aristoteles in all seinen Kategorien befragt. Er fragt immer, ob es in dieser Kategorie möglich ist, dass ein ‚mehr oder weniger' oder ein ‚gleich' angewandt wird. In *Quantität* scheint das evident zu sein - aber gerade hier geht es nicht, denn Fünf kann nie mehr Fünf sein als eine andere Fünf. Von einer Position, zum Beispiel der Position ‚Stehen', kann man auch nicht sagen, dass man mehr oder weniger steht. Man steht, oder man steht nicht. Llull gibt uns den Rat, immer die Substanz und die

Substanz zu vergleichen: Dieser Tisch erscheint mehr als ein Tisch als dieser; Qualität, Quantität und so weiter untereinander zu vergleichen: diese Farbe ist intensiver weiß als diese; und die Substanz und das Prädikat zu vergleichen: dieser Tisch ist größer als dieser Tisch. Kann Güte mehr, gleich oder geringer sein; kann Ewigkeit mehr Ewigkeit oder weniger Ewigkeit sein?

Zuerst denken wir die drei Begriffe jeweils fünf Minuten lang so intensiv wie möglich. Es ist schwer, gerade weil es so einfach ist. Mehr, weniger, gleich.

Dann versuchen wir, zu finden, ob sie *Gültigkeit* in den aristotelischen Begriffen haben, und schließlich machen wir dasselbe mit den neun Begriffen unserer ersten Figur. Nun haben wir ein ausgedehntes Werk von Denk-Entfaltung geleistet. Wir haben gelernt, konzentriert zu denken, Bewegung in unsere Gedanken zu bringen, sie miteinander in Harmonie zu bringen.

Nun, in der dreizehnten Woche, können wir eine interessante Gebärde machen. Wir haben viele Begriffe gedacht, und wir haben etwas von der Musik des Denkens gelernt. Diese Musik kann nicht mit Ohren gehört werden, kann aber gefühlt, erlebt werden. Wir erleben dies, auch wenn wir kein klares Bewusstsein davon haben. Diese Woche machen wir unsere Übung, und dann versuchen wir, uns danach *bewusst zu werden, dass wir denken*. Es ist nun nicht der Inhalt, der uns fasziniert, es ist die *Denkbewegung selbst*. Wir können diese als einen starken Punkt in unserer Stirn fühlen, einen Punkt, der *Kraft* ist, der aber darumherum auch Bewegung hat. Und wir fühlen uns, als ob wir auf den Wellen unseres intensiven Denkens segeln. Wenn wir auf Meereswellen segeln, dann segeln wir auf Wellen von verschiedener Form und Schnelligkeit, aber sie haben alle dieselbe Bedeutung: Welle-Sein. Wenn wir auf den Gedankenwellen segeln, lernen wir erkennen, dass es unsere eigene Aktivität ist, die die Bewegung gibt, und dass diese Bewegung bedeutungsvoll ist, die Bewegung ist erfüllt mit den Begriffen, die wir formen.

Vielleicht sind wir Paragliding, Skifahren oder Bergsteigen gewöhnt.

In diesem Moment aber erleben wir etwas, das noch viel atemberaubender ist als alles, was wir im Leben je erlebt haben. Wir fühlen die Bewegung des Denkens, und wir sind darin, darauf, wir segeln in einer schnellen Bewegung, wir segeln fort von dem vertrauten bewegungslosen Denken zu einer *freien Geometrie,* erfüllt von Bedeutung. In meiner Erfahrung gibt es nichts auf Erden, das mit dieser glückseligen Erfahrung verglichen werden kann, die dann nicht eine zeitweilige Glückseligkeit ist, abhängig von Ursachen, die wir nicht sehen können, sondern die durch diese Form denkender Meditation geweckt werden kann. Meiner Meinung nach ist dies in Wirklichkeit das, was in allen Formen von Meditation gesucht wird, aber auch in allen Formen von Drogengebrauch, wobei das Suchen dann fruchtlos ist.

Diese Erfahrung ist die Grundlage für andere innere Erfahrungen, die in einem nächsten Buch besprochen werden sollen.

In diesem Buch müssen wir unser Begriffs-Denken zu einem *Denken der Wahrheit* ausdehnen.

# *Die vierzehnte Woche*

## *Aristoteles, Peri Hermeneias / De interpretatione*

Erstes Kapitel

‚Zuerst müssen wir feststellen, was ‚Namenswort' und was ‚Tätigkeitswort' ist, dann, was Verneinung, Bejahung, Aussage und Rede ist. Die hörbaren Klänge, zu denen die Stimme geformt wird, sind also Zeichen der in der Seele zum Vorschein gerufenen Vorstellungen, und das Geschriebene ist wieder Zeichen der Klänge. Und so, wie nicht alle dieselbe Schrift haben, so sind auch die Klänge nicht bei allen dieselben. Die einfachen Vorstellungen der Seele jedoch sind bei allen Menschen dieselben, und ebenso sind es die Dinge, wovon die Vorstellungen die Abbilder sind. Hierüber jedoch haben wir, weil es sich auf eine andere Disziplin bezieht, in den Büchern über die Seele gesprochen (De anima).

So, wie nun jedoch die Gedanken in der Seele das eine Mal auftreten, ohne wahr oder unwahr zu sein, dann wieder so, dass sie notwendigerweise eins von beidem sind, so ist es auch in der Sprache der Fall. Denn Unwahrheit und Wahrheit sind mit Verbindung und Trennung der Vorstellungen verbunden. Die Namensworte und die Tätigkeitsworte für sich allein gleichen den Gedanken ohne Verbindung und Trennung, wie zum Beispiel das Wort ‚Mensch' oder ‚weiß', wenn man weiter nichts hinzufügt. Hier geht es noch nicht um Irrtum oder Wahrheit. Dennoch haben wir einen Ansatzpunkt, zum Beispiel bei dem Wort ‚Hirschbock'. Das Wort bedeutet zwar etwas, aber doch nichts, was wahr oder unwahr ist, solange man dem nicht hinzufügt, dass das Ding ist oder nicht ist, entweder überhaupt oder in einem bestimmten Moment.

Zweites Kapitel

Mit einem Namenswort meinen wir einen Klang, der durch Konvention Bedeutung hat, der keine Beziehung zur Zeit hat und wovon kein Teil, getrennt vom Ganzen, Bedeutung hat. Im Namenswort Hirschbock ist der Teil ‚Bock' ohne Bedeutung, wie in dem Satz ‚Hirsch Bock'. Dennoch gibt es einen Unterschied zwischen einfachen und zusammengesetzten Namensworten, denn in den einfachen Namensworten ist der Teil ohne jede Bedeutung; in den zusammengesetzten Namensworten trägt der Teil zur Bedeutung des Ganzen bei, obwohl er auf sich gestellt keine Bedeutung hat, wie in dem Wort Piratenschiff das Wort ‚Schiff' in diesem Fall keine Bedeutung hat, außer als ein Teil des Ganzen.

Die Beschränkung ‚durch Konvention' wurde hinzugefügt, weil nichts von Natur aus ein Namenswort ist, außer wenn es ein Symbol wird. Unartikulierte Laute wie jene, die von ‚Wilden' hervorgebracht werden, sind bedeutungsvoll, aber keiner von ihnen bildet ein Namenswort.

Der Ausdruck Nicht-Mensch ist kein Namenswort. Es gibt keinen Terminus, wodurch wir diesen Ausdruck angeben könnten, denn es ist nicht eine Bejahung oder Verneinung. Wir wollen es daher ein unbestimmtes Namenswort nennen.

Die Ausdrücke ‚des Philo', ‚dem Philo' und so weiter bilden keine Namensworte, sondern Fälle des Namenswortes. Die Definition dieser Fälle eines Namenswortes ist im übrigen dieselbe wie die eines Eigennamens, aber in Verbindung mit ‚ist', ‚war' oder ‚wird sein' bilden sie eine Proposition (Behauptung), die entweder wahr oder unwahr ist, und so wirkt der Eigenname immer. So bilden die Worte ‚Philos ist' oder ‚Philos ist nicht', so wie sie da stehen, nicht entweder eine wahre oder unwahre Proposition.

## Drittes Kapitel

Ein Tätigkeitswort ist das, was neben der eigenen Bedeutung eine Andeutung der Zeit trägt. Kein Teil davon hat eine unabhängige Bedeutung, und es ist ein Zeichen von etwas, was von etwas anderem gesagt wird.

Ich werde erläutern, was ich meine, wenn ich sage, dass es die Bedeutung von Zeit mit sich trägt. Gesundheit ist ein Namenswort, aber ‚ist gesund' ist ein Tätigkeitswort. Denn neben der eigenen Bedeutung gibt es die gegenwärtige Existenz des entsprechenden Zustandes an.

Weiter ist ein Tätigkeitswort immer ein Zeichen von etwas, was von etwas anderem gesagt wird, das heißt, von etwas, was entweder von etwas anderem gesagt werden kann oder was in etwas anderem ist. Ausdrücke wie ‚ist nicht gesund', ‚ist nicht krank' nenne ich nicht Tätigkeitsworte, denn obwohl sie die hinzugefügte Bedeutung von Zeit haben und immer ein Prädikat bilden, gibt es keinen spezifischen Namen für diese Varietät, wir wollen sie also unbestimmte Tätigkeitsworte nennen, weil sie sehr gut auf dasjenige anwendbar sind, was besteht, und auf dasjenige, was nicht besteht.
Auf dieselbe Weise sind ‚er war gesund', ‚er wird gesund werden' keine Tätigkeitsworte, sondern Beugungen des Tätigkeitswortes, die Zeiten angeben, die außerhalb der gegenwärtigen Zeit liegen. Tätigkeitsworte sind für sich selbst Substantive und haben Bedeutung, denn wer solche Ausdrücke verwendet, lässt

den Geist des Zuhörers stillstehen und fixiert seine Andacht. Aber so, wie sie dastehen, drücken sie keinerlei Urteil, sei es positiv oder negativ, aus. Denn auch wenn man sagt: sein, oder: nicht sein, wird kein wirkliches Ding damit angedeutet, wie auch ebenso nicht, wenn man nur sagt: seiend. Denn für sich verweisen sie auf nichts, sondern implizieren eine Verbindung, von der wir aber keinen Begriff formen können, außer wenn die Dinge zusammengefügt werden.

Viertes Kapitel

Ein Satz ist ein bedeutungsvoller Teil der Sprache, wobei die Teile eine besondere Bedeutung haben, das heißt als eine Aussage, wiewohl nicht als Ausdruck eines positiven Urteils. Ich will dies erläutern. Das Wort ‚menschlich' hat Bedeutung, bildet aber keine Proposition, weder positiv noch negativ. Erst wenn andere Worte hinzugefügt werden, wird das Ganze eine Bejahung oder Verneinung bilden. Wenn wir aber die eine Silbe des Wortes ‚menschlich' von der anderen trennen, hat dies keine Bedeutung. Ebenso hat in dem Wort ‚Maus' der Teil ‚aus' für sich keine Bedeutung, sondern ist nur ein Laut. In zusammengesetzten Worten tragen die Teile zur Bedeutung des Ganzen bei, haben jedoch wie erwähnt keine unabhängige Bedeutung.

Jeder Satz hat eine Bedeutung, nicht wie die natürliche Art und Weise, auf die eine physische Eigenschaft realisiert wird, sondern, wie wir gesagt haben, durch Konvention. Dennoch ist nicht jeder Satz eine Proposition; Propositionen sind es nur insofern, als darin Wahrheit oder Unwahrheit liegt. So ist ein Gebet zwar ein Satz, ist aber weder wahr noch unwahr. Wir wollen darum alle anderen Typen von Sätzen außer der Proposition fallen lassen, denn gerade diese Proposition betrifft unsere jetzige Untersuchung, während die Untersuchung der anderen Sätze eher zum Studium der Rhetorik oder der Dichtkunst gehört.'

In diesem Zitat gibt Aristoteles das Fundament dafür, wie Begriffe und Worte gedacht werden können und gesprochen werden können, ohne dass es um Wahrheit oder Unwahrheit geht. Es gibt ein ganzes Gebiet im Denken und im Sprechen, das nicht die Mühe des Sich-Sorgens über die Wahrheit kennt. In den zurückliegenden dreizehn Wochen haben wir diese Form von Denken entwickelt. Nun, in der vierzehnten Woche, werden wir den Begriff eines Denkens und Sprechens entwickeln müssen, das *kein Urteil*, keine Stellungnahme in sich hat, *keine Proposition*, und wir müssen das auf dieselbe Weise tun, wie wir in den zurückliegenden Wochen geübt haben.

Wie immer machen wir zuerst unsere Übung mit der Kontrolle des Denkens, dann versuchen wir durch die Meditation des Bergkristalls, ruhig in unserem Geist zu werden.

Die folgenden fünfzehn Minuten müssen wir über das Erkennen der Existenz von Namensworten (*Nomen*) und Tätigkeitsworten (*Verben*) in unserem Denken denken - was sie sind und dass sie *keine Wahrheit oder Unwahrheit geben*, solange sie für sich selbst stehen *oder* wenn sie zu Sätzen kombiniert werden, die keine Proposition sind, wie in *einem Gebet.*

Wir können die erste Figur noch einmal durchgehen und werden finden, dass Güte in sich selbst nicht wahr oder unwahr ist. Güte hat erst in dem Moment teil an wahr oder unwahr, wo sie mit einem Subjekt zu einer Proposition verbunden wird. ‚Napoleon war ein guter Mann.' Gut sein ist ein Tätigkeitswort, insoweit es sich in der Gegenwart abspielt. In der Vergangenheit ist es das nicht, dann ist ‚war ein guter Mann' ein Prädikat von Napoleon. War Napoleon ein guter Mann? Napoleon war ein großer Mann. War Napoleon ein Mann, der groß war? Wir müssten durch alle neun Konzepte gehen - natürlich nicht nur mit Napoleon.

‚Dein Wille geschehe...' - ein Satz aus dem Vaterunser. Hier können wir nicht von wahr oder unwahr sprechen, denn wir bitten darum...

Dann gehen wir durch die zehn aristotelischen Kategorien und versuchen, dies nicht nur zu denken und uns zu fragen, ob sie Tätigkeitsworte oder Namensworte sind, sondern wir versuchen zugleich, diese Denkaktivität zu *erfahren*, so dass das Wesen der verschiedenen Kategorien immer klarer und differenzierter wird, als ob es Freunde sind, wie ich schon früher sagte.

Unterschied, Gleichheit, Gegensatz. Diese Begriffe haben eine klare Bedeutung, aber in ihnen selbst ist keine Rede von wahr oder nicht wahr - dies wird erst einen Sinn haben, wenn es eine Proposition wird: Diese Farbe ist genau gleich wie jene dort. Nein, es gibt einen kleinen Unterschied.

Wir werden unseren Geist aufhellen müssen und dies immer wieder und wiederum denken müssen, obwohl es ein uninteressantes und evidentes Geschehen zu sein scheint, etwas Unausweichliches. Die evidenten Bedeutungen ruhen auf dem Fundament unseres Denkens, das zwar existiert, aber es wird sich als außergewöhnlich bedeutsam erweisen, es in das volle Bewusstsein zu bringen.

Nach fünfzehn Minuten harten Arbeitens an diesem Thema werden wir nun eine Gewohnheit daraus machen, unsere Denkbewegung anzuschauen, diese großartigen, bedeutungsvollen Wogen des Denkens, initiiert durch uns selbst als Denker.

## *Die fünfzehnte Woche*

Ich zitiere Aristoteles. Niemand braucht dies zu lesen, wenn es ihm aus irgendwelchen Gründen nicht gefällt. Der Leser kann mit dieser Meditation auch weitergehen, ohne Aristoteles zu lesen. Es ist gemeint als eine Illustration, die helfen könnte, exakt zu verstehen, worum es in dieser Woche geht.

Aristoteles, fünftes Kapitel

'Die erste Klasse einfacher Propositionen ist die einfache Bejahung, die folgende die einfache Verneinung. Alle anderen sind dies nur durch Verknüpfung.

Jede Proposition muss ein Tätigkeitswort oder die Konjugation eines Tätigkeitswortes enthalten. Die Phrase, in der die Art ‚Mensch' spezifiziert wird, ist, wenn kein Tätigkeitswort in gegenwärtiger, vergangener oder künftiger Form anwesend ist, keine Proposition.

...

Wir nennen diese Propositionen ‚einfach', wenn sie eine einfache Tatsache angeben oder die Zusammenfügung der Teile aus denen eine Einheit entsteht; dagegen sind jene Propositionen getrennt und viele, die angeben, dass es viele Fakten gibt, oder deren Teile keine Verknüpfung haben.

Wir wollen uns zudem darauf einigen, dass wir ein Namenswort oder ein Tätigkeitswort nur ‚Ausdruck' und nicht ‚Proposition' nennen, weil es für einen Menschen nicht möglich ist, auf diese Weise zu sprechen, wenn er etwas ausdrückt, um etwas zu behaupten, egal ob seine Äußerung nun eine Antwort auf eine Frage ist oder eine Handlung aus eigener Initiative.

Um noch einmal darauf zurückzukommen: Von den Propositionen ist die eine Art einfach, nämlich jene, die etwas bejaht oder verneint, die andere zusammengesetzt, wenn sie nämlich aus einfachen Propositionen zusammengesetzt ist. Eine einfache Proposition ist eine Behauptung mit Bedeutung in Bezug auf die Anwesenheit von etwas in einem Subjekt oder dessen Anwesenheit in der Gegenwart, der Vergangenheit oder der Zukunft, abhängig von der Unterscheidung der Zeit.

Im Alltagsdenken sind wir sehr schlampig im Gebrauch unserer Propositionen. Eine der Grundregeln eines intelligenten Denkens ist, dass man sich bewusst wird, dass wir fortwährend Dinge behaupten, oft ohne jede Selbstkritik, in der man fragen würde: Weiß ich sicher, dass diese Proposition wahr ist? Wenn ich Gerede über jemanden höre, den ich selbst nicht nett finde, dann übernehme ich dies leicht als meine eigene Wahrheit: Jan ist fremdgegangen... Vielleicht ist das überhaupt nicht wahr, aber es wird über Jan gesagt, und also kommt es wie eine Wahrheit in die Welt.

Eine Proposition (Behauptung) wird gebildet, wenn ein Substantiv - Subjekt - mittels eines Tätigkeitswortes mit einem Akzidens verbunden wird: Die Frau steht im Garten. ‚Die Frau stand im Garten' ist eine schwächere Behauptung. ‚Die Frau wird im Garten stehen' ist noch unsicher in Bezug auf die Wahrheit.

Diese Woche ist dies das Thema für unsere Meditation. Zuerst (immer nach den vorbereitenden Übungen) erinnern wir uns an das Thema der vorigen Woche, wodurch wir uns bewusst werden, dass einfache Worte keine Wahrheit oder Unwahrheit geben können. Dann gehen wir weiter zu einem Denken über wahre und unwahre Propositionen. Wir können die Begriffe verwenden, die wir in den letzten Wochen von Llull und Aristoteles gesammelt haben, um Propositionen zu bilden. So können wir den Wert einer Proposition untersuchen. In Wirklichkeit sind die Linien, die wir in dem Kreis der neun Begriffe gezogen haben, immer eine Art von Behauptung, nur noch nicht einem Subjekt außerhalb der neun Begriffe verbunden. Wenn ich sage: Güte ist groß, ist es doch eine Form von evidenter Proposition. Wenn ich sage: gute Größe ist im Ganzen noch keine Rede von einer Proposition. Es wird erst eine echte Proposition, wenn dies mit einer Substanz verbunden ist. ‚Tom hat eine gewisse Weisheit.' Diese Proposition ist vage, weil wir fragen müssten: Was ist dies dann für eine Weisheit, woher kommt sie, was bedeutet ‚eine gewisse'? Wenn wir sagen: ‚Dieser Tisch ist aus Mahagoni gemacht', dann ist die Proposition eindeutig und klar. Hier können wir lernen, den Unterschied zwischen einer vollen, unentrinnbaren Wahrheit und einer vagen Proposition zu erfassen, deren Wahrheit kaum zugestanden werden kann, ohne weitere Fragen zu stellen.

Llull gab eine Liste von neun Fragen, die man stellen könnte, um eine Proposition klar zu machen:

Ob, was, woraus, warum, wie groß, von welcher Art, wo, wann, wie.

Nachdem wir über das Phänomen Proposition nachgedacht haben und eine Anzahl von Propositionen gebildet haben, können wir dazu übergehen, die Bedeutung dessen zu erfassen, diese an sich als einen Begriff zu erfassen. Wir sind geübte, geschickte Denker geworden, also können wir diesen Übergang von einem ‚Denken über' in ein ‚Denken von' vollziehen.

Wir werden sicher die Nähe zu dem erfahren, was wir eine wahre oder eine unwahre Proposition nennen. Hier tritt die Wahrheit in das Feld unseres Denkens, nicht als ein Begriff, sondern als eine Tatsache. Wir finden diese selbst, und wir werden ‚Wahrheit' in der nächsten Woche weiter ausarbeiten.

Aristoteles lesen wir nur, wenn wir dies gern tun:

> ‚Wenn es also wahr ist, zu sagen, dass ein Ding weiß ist, dann muss es auch notwendig weiß sein. Wenn die umgekehrte Proposition wahr ist, dann muss es notwendig nicht weiß sein. Und wenn es weiß ist, dann ist die Proposition, die behauptet, dass es weiß ist, wahr. Wenn es nicht weiß ist, ist die Proposition des Umgekehrten wahr, und wenn es nicht weiß ist, und es wird behauptet, dass es weiß ist, dann wird eine unwahre Behauptung gemacht. Und wenn gesagt wird, dass es weiß ist, und es ist es nicht, dann ist auch das eine unwahre Behauptung.
>
> Darum kann argumentiert werden, dass es notwendig ist, dass Bejahungen oder Verneinungen entweder wahr oder nicht wahr sind.'

Das wird die Meditation für die nächste Woche werden.

## *Die sechzehnte Woche*

Nun wollen wir drei fundamentale logische Prinzipien meditieren, in den kommenden drei Wochen. Das erste Prinzip ist *das Prinzip von der Non-Kontradiktion.* Aristoteles formulierte dieses Prinzip: Wenn ein klarer Satz eine einfache Proposition (Behauptung) gibt, und wenn es möglich ist, zu fragen, ob diese Proposition wahr ist, dann muss diese Proposition entweder wahr oder unwahr sein und kann nie sowohl wahr als auch unwahr sein. Die Tatsache, die in dem Satz behauptet wird, ist oder ist nicht, sie kann nie wahr und unwahr zugleich sein.

Natürlich gibt es viele Sätze, die nicht so gebildet sind, dass wir sagen können, dass sie eine Tatsache angeben, die wahr oder nicht wahr ist. Wenn wir sagen: ‚Napoleon war ein guter Mensch', dann ist dieser Satz nicht klar genug, hat zu viele mögliche Bedeutungen und ist viel zu allgemein, um die Möglichkeit zu geben, festzustellen, ob dies wahr ist oder nicht. Wenn wir sagen: ‚In diesem Moment regnet es in Amsterdam', dann ist das wahr oder nicht - obwohl jemand behaupten könnte, dass es in einem Teil von Amsterdam dennoch nicht regnet und in einem anderen Teil wohl. Aber für den bestimmten Teil muss es wahr sein oder nicht.

Aristoteles gibt in seiner Schrift über die *Interpretation* viele Beispiele von Propositionen, die wahr und unwahr zugleich sein können, zum Beispiel wenn etwas über die Zukunft gesagt wird (die Tatsache ist potentiell, nicht aktuell).

Hier seine berühmten Worte:

‚Ich will ein Beispiel geben. Eine Seeschlacht soll entweder morgen stattfinden oder nicht, aber es ist nicht notwendig, dass sie morgen stattfinden wird, noch ist es notwendig, dass sie nicht stattfinden wird, doch ist es notwendig, dass sie morgen entweder stattfinden wird oder nicht. Weil Propositionen Tatsachen entsprechen, ist es deutlich, dass, wenn in den künftigen Geschehnissen eine wirkliche Alternative und eine Möglichkeit in entgegengesetzten Richtungen existiert, die ihnen entsprechende Bejahung und Verneinung denselben Charakter haben.

Dies ist der Fall im Hinblick auf dasjenige, was nicht immer existiert oder was nicht immer nicht existiert. Eine der beiden Propositionen in einem solchen Fall muss wahr sein, und die andere ist dann unwahr, aber wir können nicht sicher sagen, welche von beiden das ist, wir müssen die Alternativen unentschieden lassen. Die eine kann zwar wahrscheinlicher sein als die andere, kann jedoch nicht zugleich wahr und nicht wahr sein. Darum ist deutlich, dass hier nicht notwendigerweise von einer Bejahung und Verneinung die Rede ist, wovon eine wahr und die andere falsch sein muss, denn im Falle desjenigen, was potentiell und nicht aktuell existiert, ist die Regel, die auf dasjenige anwendbar ist, was aktuell existiert, nicht gültig, wie wir gesagt haben.'

In der Meditation konzentrieren wir uns auf das Prinzip der Wahrheit. Aristoteles hat in seiner Logik die Regeln gegeben, um die Wahrheit zu finden, und er nahm seinen Ausgangspunkt in der Außenwelt. Hier haben wir es meistens mit *Tatsachen* zu tun, die wahr oder nicht wahr sind. Aber wir haben die Begriffe bereits vorher gedacht, und wir wissen, dass Wahrheit viel reicher ist als nur in der Welt der äußeren Tatsachen. Wenn wir sagen wollen ‚Gott existiert', dann ist die Frage, ob dies wahr ist oder nicht, eine ganz andere als im

Fall des Regens in Amsterdam. Um sich mit dem Prinzip der unausweichlichen Wahrheit bekannt zu machen, ist es jedoch das Beste, Aristoteles' eindeutigen Prinzipien der Wahrheit zu folgen.

Wenn wir den unausgesprochenen Begriff von Wahrheit gefunden haben und diesen auf eine aristotelische Weise gedacht haben, wie wir dies in den vergangenen Wochen erreicht haben, dann können wir uns auf das Prinzip von der Non-Kontradiktion konzentrieren.

In seinem Buch *Metaphysica* behauptete Aristoteles, dass die Regel der Non-Kontradiktion das sicherste Prinzip aller Prinzipien ist. Er fand es nicht sinnvoll, dieses Prinzip von anderen ableiten zu wollen - wir müssen dieses Prinzip als das Fundament der Logik akzeptieren, dem wir folgen müssen, wenn wir etwas beweisen wollen. Wenn wir dieses Prinzip nicht respektieren würden, würden wir mit dem Denken aufhören müssen, denn es gäbe keine Möglichkeit, zu denken und etwas zu behaupten und zu sagen, was Sinn hat. Wenn es möglich wäre, dass Tatsachen sowohl wahr als auch unwahr wären, was gäbe es dann noch zu denken?

Aristoteles betrachtete das Bedürfnis, dieses Grundprinzip auch noch ableiten zu wollen, als Zeichen eines Mangels an Bildung. Wenn wir nicht akzeptieren würden, dass es einen Beginn allen Denkens gibt, dann müssten wir bis ins Unendliche zurückgehen und müssten versuchen, zu beweisen, was wir überhaupt nicht beweisen wollen dürften (unendliche Regression).

In den Ausdrücken von Aristoteles ist ein Prinzip dieser Art, das nicht mit anderen Prinzipien begründet werden kann, ein Axiom.

Dieses Grundprinzip, dieses Axiom, ist es, was wir in dieser Woche untersuchen müssen. Es gibt Menschen, die diese Regel in jedem Satz, den sie sprechen, schänden; das sind die schwachen Denker auf einem schwachen Fundament der Wahrheit.

Aber wir denken jetzt, ob es möglich ist, dass dieser Tisch hier aus Mahagoni gemacht ist und zugleich nicht aus Mahagoni gemacht ist. Kann Tom eine gewisse Weisheit haben und zugleich ein Tor sein? War Napoleon ein guter Mensch und zugleich ein schlechter? Kann Güte groß und klein zugleich sein? Welche Propositionen folgen diesem grundlegenden Axiom?

Nach fünfzehn Minuten klaren Denkens - wir werden uns selbst dazu aufrufen müssen, unseren Geist klar zu halten und nicht abgelenkt zu werden - werden wir erneut versuchen, die denkende Aktivität gewahr zu werden, als eine Tatsache, die *wahr* ist.

# *Die siebzehnte Woche*

Das zweite Prinzip der Logik ist: *Tertium non datur*, das *Prinzip des ausgeschlossenen Dritten*. Aristoteles hat auch dieses Prinzip in seiner *Metaphysik* formuliert: Eine Proposition, die Wahrheit enthalten kann, muss entweder wahr oder unwahr sein, es gibt nichts dazwischen. Von zwei Propositionen über dieselbe Tatsache, die einander widersprechen, muss eine wahr sein und eine unwahr. Man muss die eine akzeptieren und die andere verwerfen; es ist *nichts dazwischen* möglich, wodurch gesagt werden könnte, dass beide wahr oder nicht wahr sind.

Dies ist das Hauptprinzip unserer modernen Computerprogrammierung. Dieses Prinzip bringt auch die Möglichkeit mit sich, eine Tatsache dadurch als wahr zu beweisen, dass man beweist, dass das Gegenteil nicht wahr ist. Dies ist der sogenannte Beweis durch Kontradiktion.

Die Basis ist jedoch, dass es klare Sätze sein müssen, die einfache Propositionen geben, und dass es möglich ist, zu fragen, ob die Proposition wahr ist oder nicht.

Nur ein nicht klares Denken könnte den Unterschied zwischen dem ersten und dem zweiten Prinzip der Logik nicht machen. Unser Denken jedoch ist jetzt klar geworden, und wir können also deutlich zwischen dem ersten und dem zweiten Prinzip differenzieren. Das ist in dieser Woche unsere Aufgabe (nachdem wir die vorbereitenden Übungen gemacht haben).

1. Das erste ist das Prinzip der Non-Kontradiktion.

2. Das zweite ist das Prinzip des ausgeschlossenen Dritten.

In *Über die Interpretation* (‚Lehre vom Satz/Urteil') arbeitet Aristoteles die verschiedenen Möglichkeiten von Propositionen und Urteilen und das Entgegengesetzte aus. (Der vollständige Text kann im Internet gefunden werden[2]). Es würde unser Denken schärfen, wenn wir diesen Text, der so abstrakt zu lesen ist, üben würden. Doch in unseren Meditationen werden wir nicht so weit gehen. Ein erster Schritt ist schwer genug.
Die Überlegungen von Aristoteles sind zum Beispiel: Wenn wir sagen ‚Sokrates ist weise', was ist dann das Entgegengesetzte dieses Urteils? Ist es ‚Sokrates ist nicht weise'? Oder muss es sein ‚Sokrates ist unweise'? Oder sogar ‚Sokrates ist ein Tor'? Wir können versuchen, den Unterschied zwischen diesen drei Möglichkeiten von Gegensätzen zu differenzieren.

Aristoteles lesen wir nur, wenn wir dies gerne tun...

‚Ich will dies illustrieren. Es gibt ein wahres Urteil in Bezug darauf, was gut ist, nämlich, dass es gut ist, und ein unwahres Urteil, ein falsches Urteil, dass es nicht gut ist, und ein drittes, was davon verschieden ist, dass es schlecht ist. Welche dieser beiden ist dem wahren entgegengesetzt? Und wenn sie dasselbe sind, welche Ausdrucksweise bildet dann das Gegenteil?

Es ist ein Irrtum, anzunehmen, dass Urteile aufgrund der Tatsache, dass sie entgegengesetzte Subjekte haben, als entgegengesetzt definiert werden müssen; denn das Urteil in Bezug auf ein gutes Ding, dass es gut ist, und in Bezug auf ein schlechtes Ding, dass

[2] Weblink auf Wikipedia, De Interpretatione.

es schlecht ist, kann ein und dasselbe sein, und ob sie es nun sind oder nicht, sie repräsentieren beide die Wahrheit. Dennoch sind die Subjekte hier entgegengesetzt. Aber Urteile sind nicht entgegengesetzt, weil sie entgegengesetzte Subjekte haben, sondern weil es um den entgegengesetzten Effekt geht.

...

Nun ist das, was gut ist, sowohl gut als auch nicht schlecht. Die erste Qualität ist ein Teil seiner Essenz, die zweite ist ein Akzidens[3]; Denn es ist durch das Akzidens, dass es nicht schlecht ist. Wenn aber das wahre Urteil wirklich wahr ist und die intrinsische Natur des Subjekts betrifft, dann ist das falsche Urteil, das die intrinsische Natur betrifft, auch wirklich falsch. Nun ist das Urteil, dass das, was gut ist, nicht gut ist, ein falsches Urteil in Bezug auf die intrinsische Natur; das Urteil, dass es schlecht ist, ist ein Urteil, das sich auf ein Akzidens bezieht. Darum ist das Urteil, das das wahre Urteil verneint, mehr wirklich falsch als jenes, welches positiv die Anwesenheit der umgekehrten Qualität bejaht.'

Also ist der wirklichste Gegensatz in Hinsicht auf das Urteil ‚Sokrates ist weise' nicht ‚Sokrates ist ein Tor' und auch nicht ‚Sokrates ist unweise', sondern ‚Sokrates ist nicht weise'. Wir müssten lernen, diese Differenzierungen wahrzunehmen und dann zu dem Prinzip *des ausgeschlossenen Dritten* übergehen. Wenn jemand sagt ‚Sokrates ist weise' und eine andere Person sagt das Entgegengesetzte, dann muss eine der beiden Aussagen wahr sein, und es gibt nichts dazwischen.

Wenn wir sagen: ‚Dieser Tisch hier ist aus Mahagoni gemacht', dann ist das Entgegengesetzte nicht: ‚Der Tisch ist

---

[3] Ein Akzidens ist ein Attribut, das entweder zu einem Subjekt gehört oder nicht, ohne dass dies Einfluss auf die Essenz dieses Subjekts hat.

aus Eichenholz gemacht', sondern das Entgegengesetzte ist: ‚Dieser Tisch ist nicht aus Mahagoni gemacht'. Wenn wir widersprechen, indem wir sagen, dass derselbe Tisch aus Eichenholz ist, dann ist dies sicher ein anderes Urteil, gibt aber nicht das entgegengesetzte Urteil.

‚Nicht gut' ist nicht dasselbe wie ‚schlecht'; ‚nicht groß' ist nicht dasselbe wie ‚klein'; ‚nicht ewig' ist nicht dasselbe wie ‚zeitlich'; ‚keine Macht' ist nicht dasselbe wie ‚schwach' und so weiter.

‚Physik ist eine quantitative Wissenschaft.' Das Entgegengesetzte ist nicht: ‚Physik ist eine nicht-quantitative Wissenschaft' oder ‚Physik ist eine qualitative Wissenschaft'; das Entgegengesetzte ist: ‚Physik ist nicht eine quantitative Wissenschaft.' Ist ‚quantitativ' die intrinsische Natur von Physik? Wenn das so ist, dann ist dieser letzte Gegensatz der wirklichste Gegensatz. Ist es nicht die intrinsische Natur von Physik, dann ist die Proposition nicht einfach, und das Entgegengesetzte kann dann auch nicht vollkommen klar und einfach gesagt werden. Wenn wir sagen, dass Physik eine quantitative Wissenschaft ist, weil ‚quantitativ' ihre wahre intrinsische Natur ist, dann ist das Prädikat ‚nicht quantitativ' falsch, und es gibt keine dritte Möglichkeit.

Nach ungefähr fünfzehn Minuten des Denkens darüber versuchen wir, den Begriff dieses zweiten Prinzips zu fassen und zu empfinden. Wir werden finden, dass dieses als eine Grundlage in unserem Denken anwesend ist, dass es wie ein Schatten sehr weit weg ist; aber nun wird es klar, wir ziehen es in das volle Licht unseres begreifenden Denkens. Und wir wiederholen:

Wir denken Begriffe, in denen noch keine Wahrheit oder

Unwahrheit liegt.
Wir denken Propositionen, die klar und einfach sind.
Wir denken das erste logische Prinzip, das Prinzip von der Non-Kontradiktion.
Wir denken das zweite logische Prinzip, das Prinzip vom ausgeschlossenen Dritten.

Man versuche, das Denken *zu sehen*, indem man den denkenden Blick auf die Aktivität des Denkens richtet.

*Die achtzehnte Woche*

Das dritte logische Prinzip ist der berühmte Syllogismus. In Kürze ausgedrückt: Wenn A von jedem B und B von jedem C gesagt werden kann, dann muss auch A von jedem C gesagt werden. Dies ist eine logische Form, die alle Menschen kennen, ohne sich dessen bewusst zu sein, und die alle Menschen korrekt anwenden können - obwohl der falsche Gebrauch zugleich eine Quelle aller falschen Urteile ist.

Aristoteles beschreibt dies in seiner *Analytica Priora:*[4]

‚Ein Syllogismus ist eine logische Reihe, in der, nachdem bestimmte Dinge ausgesagt wurden, etwas anderes als das, was ausgesagt wurde, mit Notwendigkeit aus dem Sein dieser anderen Dinge, die ausgesagt wurden, folgt. Mit dem letzten Satz meine ich, dass sie die Schlussfolgerung hervorbringen und dadurch kein neuer Term nötig ist, um die notwendige Schlussfolgerung zu ziehen.

Ich nenne dies einen perfekten Syllogismus, wenn er nichts anderes nötig hat als das, was schon ausgesagt wurde, um deutlich zu machen, was notwendig daraus folgt; ein Syllogismus ist unvollkommen, wenn er entweder noch eine oder mehrere Propositionen braucht, die die notwendigen Schlussfolgerungen der bereits gemachten Propositionen sind, die aber nicht ausdrücklich als Prämissen ausgesagt wurden.

---

[4] Weblink auf Wikipedia, Analytica Priora.

Dass ein Term in einen anderen als in ein Ganzes eingeschlossen ist, ist dasselbe wie, dass der andere Term von dem Ganzen durch den ersten Term gesagt wird. Und wir sagen, dass der eine Term von dem Ganzen von einem anderen Term gesagt wird, wenn auf keinerlei Weise etwas von dem Subjekt gefunden werden kann, wovon der andere Term nicht bejaht werden kann: ‚von niemandem gesagt' muss auf diese Weise verstanden werden.

Nach diesen Unterscheidungen stellen wir fest, durch welche Mittel, wann und wie jeder Syllogismus produziert wird; danach müssen wir Beispiele geben. Der Syllogismus muss vor den Beispielen besprochen werden, weil er das allgemeine ist: Die Demonstration ist eine Art von Syllogismus, aber nicht jeder Syllogismus ist eine Demonstration.

Wenn drei Terme in der Form in Beziehung zueinander stehen, dass der letzte im mittleren als in einem Ganzen beschlossen liegt und der mittlere entweder Teil des ersten ist oder vom ersten ausgeschlossen ist, in Form eines Ganzen, dann müssen die Extreme durch einen perfekten Syllogismus verbunden sein. Ich nenne den Term ‚Mitte', der in sich in einem anderen beschlossen liegt und den ein anderer in sich enthält: In der Position kommt dieser ebenfalls in die Mitte. Mit ‚Extremen' meine ich sowohl den Term, der selbst in dem anderen beschlossen liegt, als auch den, in dem der andere beschlossen liegt. Wenn A von jedem B und B von jedem C gesagt wird, dann muss A von allen C gesagt werden. Wir haben schon erklärt, was wir mit ‚von allen gesagt werden' meinen. Auch wenn A von keinem einzigen B und B von allen C gesagt wird, ist es notwendig so, dass kein einziges C in A sein wird.'

Die bekannte Formel ist:

Alle Menschen sind sterblich.

Sokrates ist ein Mensch.
Sokrates ist sterblich.

Die Konklusion ist nur wahr, wenn die Prämissen wahr sind. Wenn die Prämissen wahr sind und die Art des Schlussfolgerns richtig ist, dann ist die Schlussfolgerung richtig. Perfekte Syllogismen sind in sich selbst evidente Behauptungen, die keine Demonstration besitzen und einer solchen auch nicht bedürfen. Das wurde schon von Aristoteles so gesagt. Er gibt vier solcher Syllogismen.

Wir haben nun die Kunst des Denkens entwickelt, und wir können intensiv erkennen, wie diese Syllogismen deshalb evident sind, weil sie ganz die unsrigen sind. Wir brauchen sie nicht zu lernen oder ihrer bewusst zu werden, um sie perfekt anzuwenden. Doch sich ihrer bewusst zu werden, ist wirklich eine wunderbare Erfahrung, die wir nun erreichen.

Hier sind die vier evidenten Syllogismen.

- Alle M sind A, alle B sind M. Konklusion: Alle B sind A.
Alle Menschen sind sterblich, alle Amerikaner sind Menschen, also sind alle Amerikaner sterblich.

- Kein M ist A, alle B sind M. Konklusion: Kein B ist A.
Kein Mensch ist unsterblich, alle Holländer sind Menschen, also ist kein Holländer unsterblich.

- Alle M sind A, manche B sind M. Konklusion: manche B sind A.
Alle Menschen sind sterblich, manche Wesen sind Mensch, also sind manche Wesen sterblich.

- Kein M ist A, manche B sind M. Konklusion: Manche B sind nicht A.

Kein Mensch ist unsterblich, manche Wesen sind Mensch, also sind manche Wesen nicht unsterblich.

Es gibt zehn andere Formen von Syllogismen, die nicht unmittelbar evident sind. Diese werde ich hier nicht besprechen.

Die Aversion gegenüber dem abstrakten Denken kann hier sehr stark werden. Dennoch sind dies die wichtigsten logischen Formen, die es gibt, und sie gehören ebensosehr zum menschlichen Wesen wie seine aufrechte Haltung. Vielleicht müssen wir etwas Selbstüberwindung üben, um in diese vier Formen unterzutauchen, aber es ist unsere letzte Aufgabe. Wenn wir so weit gekommen sind, dass wir alle Themen bis jetzt intensiv geübt haben, dann müsste dies kein Problem sein - allen hohen Wogen von Aversion zum Trotz. Der Punkt ist das Erfassen des eigenen logischen Denkens, indem diese vier Formen gedacht werden und man erlebt, dass tief in unserem Denken die Existenz dieser Formen der Logik selbst verborgen liegt.

Wenn wir dies empfinden können, wird einem dies eine wunderbare Selbsterkenntnis geben, die nicht nur dem eigenen Selbst geschenkt wird, sondern gleichsam allen menschlichen Selbsten, die so weit kommen, dass sie das Wunder des Denkens wahrnehmen und fühlen.

## *Die neunzehnte Woche*

In dieser letzten Woche der ersten Runde von Meditationen in der Kunst des Denkens müssen wir versuchen, *mit dem Denken zu spielen*, als ob wir ein musikalischer Solist sind, der die Kadenz spielen muss, eine virtuose Variation auf das Thema in einem Solokonzert. Als Beispiel können wir einmal etwa das Violinkonzert von Brahms hören,[5] oder von Tschaikowsky oder Mendelssohn, oder welches klassische Konzert auch immer, wo wir dieses virtuose Solospiel hören können. Hier erreichen wir Menschen noch immer eine Kulmination der menschlichen Möglichkeiten. Es ist wirklich eine äußerliche Ausführung dessen, was Denken im inneren Leben des Geistes sein kann, wenn wir unser Denken zu dem Niveau *einer Kunst* entwickeln. In diesem Buch haben wir die Grundlage für unser Denken als eine menschliche Kunst gelegt. In den noch folgenden Teilen wird dies weiter entwickelt werden, bis wir uns wirklich wie ein Solist fühlen können, der auf dem eigenen Instrument spielt - der Intelligenz.

Aristoteles gibt uns ein Beispiel eines reinen Denkens. Aber seit seiner Zeit hat sich das menschliche Denken entwickelt und ist ein Instrument der Wissenschaft geworden, zugleich aber für das Entwickeln von Maschinen, die etwas tun können, was den Eindruck von Denken erweckt. Wir können zu

---

[5] https://www.youtube.com/watch?v=lJ1xKctJpQM

Aristoteles zurückgehen, als ob wir zu unseren Wurzeln zurückgehen. Aber daneben kann die Kunst des Denkens weiter entwickelt werden, auf eine fast unendliche Weise.

Am Ende der in diesem Buch enthaltenen vorbereitenden Übungen, das Denken als eine Kunst zu erreichen, die Macht gibt, sein Leben zu leben, die den eigenen Geist und Leib gesund macht, werden wir eine Kadenz spielen müssen. Wir haben achtzehn Wochen Inhalt und Bewegung des Denkens, die nun hinter uns liegen. In der Kadenz werden wir durch alle Themen hindurchgehen wollen, und zwar auf eine originelle Weise. Wir denken alles, was wir in den zurückliegenden achtzehn Wochen bereits gedacht haben, aber wir wollen dies in ungefähr insgesamt fünfzehn Minuten tun. Wir werden ein komplexes Denken finden, das natürlich nicht komplett und vollkommen ist, das aber eine Grundlage ist.

Wir denken *die neun Begriffe von Llull* und ziehen die Linien, wie sie in der ersten Figur gegeben sind. Wir denken *die zehn Kategorien von Aristoteles* und die ausgearbeitete Kategorie ‚Relation', wie sie von Llull in der dritten Figur gegeben ist.

Danach denken wir über *die Begriffe*, die *ohne* etwas *aussagen* zu wollen, gedacht werden; dann über die Proposition, über wahre und unwahre *Propositionen*, über die *zwei Prinzipien der Logik* und über *den Syllogismus.* Aber wir versuchen nicht, so zu denken, als ob wir all unsere Gedanken als Eigentum in Ordner und Schubladen stecken, ordentlich gemerkt, so dass wir sie leicht wiederfinden können, oder wie wenn wir sie im PC öffnen würden. Im Gegenteil, wir versuchen, sie kunstvoll zu denken, als ob das Herz sie liebt - nein, nicht als ob, *das Herz liebt sie und liebt auch das Hervorbringen, die Bewegung, das Fühlen von Wahrheit und Unwahrheit, das Fühlen der Wellen von Aktivität, voller Bedeutung.*

Nach dem Abschluss dieser Gedanken-Expedition könnten wir versuchen, es rückwärts zu denken, oder in einer anderen Reihenfolge. Wir könnten versuchen, die verschiedenen Begriffe von Llull miteinander in Harmonie zu bringen, die Begriffe aus den Kategorien und so weiter. So lernen wir spielen und wird es eine immer virtuosere Kadenz...

Immer deutlicher wird es werden, dass diese Denkübungen das Denken nicht nur verstärken und unter die Beherrschung des Denkers bringen, sondern dass es zugleich immer mehr Verwandtschaft mit einem ‚*Wahrheitsorganismus*' bekommt. Die Gedanken in der Aktualität formen sich immer mehr nach der Wahrheit. Durch die Tatsachen hindurch schauen wir die aktuelle Wahrheit.

## *Rückblick und Vorblick*

Denken ist das farbloseste psychische Geschehen, das es gibt. Durch Meditation im Gebiet des Denkens wird es von Tag zu Tag farbenreicher. Nach neunzehn Wochen können wir zu der Schlussfolgerung kommen, dass die Gedanken noch immer genauso farblos sind, wie sie immer gewesen waren; aber wir dürfen auch nicht erwarten, dass wir nun rote und grüne Gedanken sehen. Wenn ich sage, dass die Gedanken hell und klar werden, differenzierter, dann ist es, als ob sich das weiße Licht in die Farben des Regenbogens differenzieren würde. Es ist der Wille im Denken, der Einsatz, das Engagement, was das Denken stärker macht und mehr in die Nähe der Wahrheit bringt.

Wir haben vorbereitende Übungen gemacht, und was wir entwickelt haben, ist sicher nicht die vollkommene Kunst des Denkens. Wir werden weitergehende Studien machen müssen, um das zu erreichen. Dennoch haben wir ein starkes Fundament für die Kunst des Denkens gelegt.

Wir haben die neun Begriffe des spanischen Denkers Ramon Llull als einen Anfangspunkt genommen. Vor einigen Jahrhunderten gab es eine große Akademie der sieben Freien Künste in Chartres, in Frankreich - dort können wir noch immer das Meisterwerk religiöser Kunst, die Kathedrale von Chartres, besuchen. Diese Kathedrale ist eine Art Buch aus Stein, in dem wir den Inhalt der sieben Freien Künste lesen können.

Das Fundament dieser sieben Freien Künste bilden die drei Künste *Grammatik, Rhetorik und Dialektik*. Wir werden nun entdecken, dass wir sie entwickelt haben.

Die erste Kunst ist das wahre und *richtige Bilden von Begriffen*, den Bausteinen der Intelligenz. Wir haben dies während vierzehn Wochen geübt. Es ist ein Bilden von ‚Worten', die noch nicht für Aussagen und Urteile gebraucht werden. Das Vermögen, Sätze mit diesen Worten zu bilden, ist zwar schon angelegt, aber wir benutzen es noch nicht. In der fünfzehnten Woche lernten wir die Kunst der richtigen Proposition kennen, die Kunst *des Bildens von Sätzen* mit Begriffen, die etwas ausdrücken. Hier geht die erste Kunst in die zweite Kunst über. Im Üben der Prinzipien und *der Regeln der Logik* stiegen wir dann zur dritten Kunst auf.

In Chartres wurde die erste Kunst Grammatik genannt, die Kunst der reinen Begriffe und ihres Zusammenhangs.

Die zweite Kunst wurde Rhetorik genannt, in Wirklichkeit ist dies die Kunst des schönen Sprechens. Aber im Denken, das dem Sprechen vorangeht, ist die Rhetorik die Kunst des Denkens in reinen, zusammenhängenden und konsistenten Gedanken.

Die dritte Kunst wurde Dialektik genannt. Im Königsportal der Kathedrale von Chartres repräsentiert Aristoteles diese Kunst, und er wird auch oft der ‚dialecticus' genannt. Hier finden wir die reine Logik im Denken, die Prinzipien der Logik und den Syllogismus als die grundlegende Regel, um zu Schlussfolgerungen zu kommen.

Diese drei Künste zusammen wurden ‚*Trivium*' genannt.

In alten Ausdrücken gesprochen, könnten wir nun sagen, dass wir das Verständnis für den Status des *baccalaureatus ar-*

*tes liberales* gebildet haben. Dies ist zu einem modernen Universitätsgrad geworden: bachelor of arts. Wir haben erst ein Verständnis dafür erreicht. Wir werden noch oft durch diese neunzehn Wochen gehen müssen, um diesen Grad im Denken wirklich zu erreichen. Aber auch dann wirden wir unser Ziel noch nicht erreicht haben. Wir wollten schließlich ein ‚master of arts' werden, ein *magister artes liberales*, wir wollen ein Meister in der Kunst des Denkens werden.

In einem Jahr wird ein neuer Teil dieses meditativen Weges erscheinen - natürlich immer unter dem Vorbehalt, dass es gelingen möge -, und das Thema wird die mehr exakt-wissenschaftliche Seite der sieben Künste sein.

*Arithmetik* als eine Meditation der Unterweisungen in der Zahlenlehre, wie sie schon von Pythagoras gegeben wurde.
*Geometrie* als eine Meditation verschiedener, gut verstandener einfacher und komplexer Figuren, kulminierend im Goldenen Schnitt und im Pentagramm.
*Musik* mit Bezug auf die Kunst des Denkens.
*Astronomie* inspiriert von Gedanken über den Kosmos.

Diese vier Künste zusammen werden das ‚*Quadrivium*' genannt.

Wir werden wahrscheinlich mehr als ein Buchteil brauchen, um diese Themen auszuarbeiten.